2024

国家统一法律职业资格考试记忆通

刑 法

飞跃考试辅导中心 编

学科版

中国法制出版社

CHINA LEGAL PUBLISHING HOUSE

编写说明

　　《国家统一法律职业资格考试记忆通》的前身是中国法制出版社飞跃考试辅导中心于 2006 年推出的《司法考试记忆通》。作为一套能够脱颖而出并连续热销多年的考试记忆类图书，为了满足读者高效备考的需要，飞跃考试辅导中心全新编写了"2024 国家统一法律职业资格考试记忆通·学科版"系列丛书。本丛书包括《民法》《刑法》《诉讼法》三个分册。本书是《刑法》分册。

　　本丛书在编写时突出了三大特点：

　　一、精选核心知识点。众所周知，民法、刑法和诉讼法占据了法考的半壁江山，所以这些科目的复习尤为重要。故本丛书优选近年来考试考查的核心知识点，提炼知识要点，捋清知识脉络，帮助考生提高备考效率。

　　二、随学随练。为了避免考生陷入"一学就懂，一做就错"的备考误区，本丛书在每个专题下配备了精选练习题，通过练习增强对该专题知识点的理解和掌握。

　　三、复习方法独特。本丛书通过图表记忆、比较记忆等方法，使得考点形象化，记忆效果更持久。以图画形式总结零散知识要点，方便考生根据关键词，迅速串联回忆考点内容。

　　因为用心，所以卓越。真诚希望"2024 国家统一法律职业资格考试记忆通·学科版"系列丛书能助广大考生朋友顺利通过法律职业资格考试！

飞跃考试辅导中心

目 录

专题一　刑法概说

专题二　犯罪构成

专题三　犯罪排除事由

专题四　犯罪未完成形态

专题五　共同犯罪

专题六　罪　　数

专题七　刑　　罚

专题八　危害国家安全罪

专题九　危害公共安全罪

专题十　破坏社会主义市场经济秩序罪

专题十一　侵犯公民人身权利、民主权利罪

专题十二　侵犯财产罪

专题十三　妨害社会管理秩序罪

专题十四　贪污贿赂罪

专题十五　渎　职　罪

主观试题

主观试题参考答案及详解

专题一 刑法概说

考点 1 罪刑法定原则

禁止溯及既往 (事前的罪刑法定)	这是指犯罪及其惩罚必须在行为前预先规定，刑法不得对在其公布、施行前的行为进行追溯适用。因此，罪刑法定原则的本质，是行为时法原则，即罪刑法定的"法"，只能是行为时就已明文确立的法。这一要求也被称为禁止事后法。不过只禁止不利于被告人的事后法，不禁止有利于被告人的事后法。在法律有变更时，如果新法有利于被告人，可以溯及既往适用新法，但仅适用于未决案。
排斥习惯法 (成文的罪刑法定)	根据预测可能性原理，罪刑规范应当具有明确性、稳定性。刑事司法应当以成文法为准，排斥习惯法。
	只有立法机关（全国人大及其常委会）制定的成文刑法才能成为刑法的渊源。行政法规、行政规章、国际公约和条约、习惯、判例都不得作为刑法渊源。
禁止类推适用 (严格的罪刑法定)	类推解释，指解释者明知刑法没有将某种行为规定为犯罪，但以该行为具有危害性、行为人具有人身危险性等为由，将该行为比照刑法分则的相似条文定罪量刑。有利于被告人的合理的类推可以适用。
刑罚法规的适当 (确定的罪刑法定)	明确性要求规定犯罪的法律条文必须清楚明确，使人能确切了解违法行为的内容，准确地确定犯罪行为与非罪行为的范围。
	禁止不确定刑，是指刑罚应当规定得清晰确定、判决宣告的刑罚必须确定。刑罚越不确定，越容易被滥用。
	禁止处罚不当罚的行为，是指刑罚的适用应保持补充性、谦抑性，适用范围应当遵循比例原则，合理适当。立法机关不能随心所欲地确定犯罪范围，只能将值得科处刑罚的行为规定为犯罪。禁止以不必要的精神、肉体的痛苦为内容的不人道的酷刑。

考点 2　刑法的适用范围

（一）空间效力

属地管辖	针对发生在中国境内的犯罪。中国领域范围包括领陆、领水、领空；"浮动领土"（旗国主义）：中华人民共和国的船舶或者航空器。
属人管辖	中国人在国外实施犯罪，原则上适用我国刑法；国家工作人员或者军人无条件适用我国刑法。
保护管辖	外国人（包括无国籍人）在我国领域外犯我国刑法规定的犯罪；所犯之罪侵犯我国国家或者公民利益；按照我国刑法规定属于重罪，可以适用我国刑法（最低刑为 3 年以上有期徒刑），犯罪地法律也认为是犯罪（双重犯罪原则）。
普遍管辖	必须是国际条约规定的危害人类共同利益的犯罪（如海盗、劫持航空器、毒品犯罪）；我国缔结或参加了公约，声明保留的除外；我国刑法将这种行为也规定为犯罪；犯罪人出现在我国境内。

（二）时间效力

	情形	刑法规定	适用原则	新法溯及力有无
新旧法不一致	旧法不认为是犯罪	用旧法	从旧	无
	旧法认为是犯罪但新法不认为是犯罪	用新法	从轻	有
新旧法都认为是犯罪且根据新法未超过追诉时效		原则上用旧法	从旧	无
		如果新法处刑较轻，则用新法	从轻	有

【专题练习】

要点提炼

1. 下列哪些选项不违反罪刑法定原则？

A. 将明知是痴呆女而与之发生性关系导致被害人怀孕的情形，认定为强奸"造成其他严重后果"

B. 将卡拉OK厅未经著作权人许可大量播放其音像制品的行为，认定为侵犯著作权罪中的"发行"

C. 将重度醉酒后在高速公路超速驾驶机动车的行为，认定为以危险方法危害公共安全罪

D. 《刑法》规定了盗窃武装部队印章罪，未规定毁灭武装部队印章罪。为弥补处罚漏洞，将毁灭武装部队印章的行为认定为毁灭"国家机关"印章

2. 关于罪刑法定原则有以下观点：

①罪刑法定只约束立法者，不约束司法者

②罪刑法定只约束法官，不约束侦查人员

③罪刑法定只禁止类推适用刑法，不禁止适用习惯法

④罪刑法定只禁止不利于被告人的事后法，不禁止有利于被告人的事后法

下列哪一选项是正确的？

A. 第①句正确，第②③④句错误　　　　B. 第①②句正确，第③④句错误

C. 第④句正确，第①②③句错误　　　　D. 第①③句正确，第②④句错误

3. 关于刑事司法解释的时间效力，下列哪一选项是正确的？

A. 司法解释也是刑法的渊源，故其时间效力与《刑法》完全一样，适用从旧兼从轻原则

B. 行为时无相关司法解释，新司法解释实施时正在审理的案件，应当依新司法解释办理

C. 行为时有相关司法解释，新司法解释实施时正在审理的案件，仍须按旧司法解释办理

D. 依行为时司法解释已审结的案件，若适用新司法解释有利于被告人的，应依新司法解释改判

【专题练习答案及解析】

1. ACD。罪刑法定原则的经典表述是："法无明文规定不为罪"，"法无明文规定不处罚"。我国《刑法》第 3 条明文规定了这一原则。罪刑法定原则的具体要求是：（1）禁止溯及既往；（2）排斥习惯法；（3）禁止类推解释；（4）刑罚法规的适当，包括刑罚明确性、禁止不确定刑和禁止处罚不当罚的行为。在刑事司法中贯彻罪刑法定原则，最为关键的问题是对《刑法》的解释要合理。不利于被告人的类推解释在方法上就与罪刑法定原则相抵触，故属禁止之列。采取其他解释方法时，其解释结论也必须符合罪刑法定主义，符合刑法目的。A 中，"明知是痴呆女而与之发生性关系导致被害人怀孕"的情形，与强奸致使被害人重伤、死亡后果的严重性相当，可以认定为强奸"造成其他严重后果"。A 不违背罪刑法定原则。B 中，《最高人民法院、最高人民检察院、公安部关于办理侵犯知识产权刑事案件适用法律若干问题的意见》第 12 条规定，"发行"，包括总发行、批发、零售、通过信息网络传播以及出租、展销等活动。未经著作权人许可在卡拉 OK 厅大量播放其音像制品的行为并不能包含在"发行"之内。B 违背了罪刑法定原则。C 中，"重度醉酒后在高速公路超速驾驶机动车"的行为，同时包含"重度醉酒"、"高速公路"和"超速驾驶"三个危险要素，其严重性与放火、爆炸、投放危险物质等行为相当，已经对不特定多数人的生命财产安全造成现实威胁，应当认定为以危险方法危害公共安全罪。C 不违背罪刑法定原则。D 中，武装部队属于国家军事机关，是国家机关的组成部分。所以将毁灭武装部队印章的行为认定为毁灭"国家机关"印章并无不妥，未超出"国家机关"的字面含义。D 不违背罪刑法定原则。应选 ACD。

2. C。《刑法》第 3 条规定："法律明文规定为犯罪行为的，依照法律定罪处刑；法律没有明文规定为犯罪行为的，不得定罪处刑。"罪刑法定原则有以下派生原则：成文法主义、禁止类推、禁止绝对不定期刑、禁止重法溯及既往、刑法的明确性。禁止类推是严格的罪刑法定原则所要求的，排斥习惯法是成文法主义所要求的。因此，③的说法是错误的。罪刑法定原则是立法者、法官、司法者和侦查人员都必须遵守的，因此①②的说法是错误的。虽然罪刑法定原则禁止重法溯及既往，但是并不禁止有利于被告人的事后法，所以④的说法是正确的。综上，本题正确答案为 C。

3. B。刑法的渊源包括刑法典、单行刑法和附属刑法，司法解释不是刑法的渊源，其时间效力不能直接比照刑法时间效力适用。A 错误。《最高人民法院、最高人民检察院关于适用刑事司法解释时间效力问题的规定》（以下简称《时间效力规定》）第 2 条规定："对于司法解释实施前发生的行为，行为时没有相关司法解释，司法解释施行后尚未处理或者正在处理的案件，依照司法解释的规定办理。"B 正确。《时间效力规定》第 3 条规定："对于新的司法解释实施前发生的行为，行为时已有相关司法解释，依照行为时的司法解释办理，但适用新的司法解释对犯罪嫌疑人、被告人有利的，适用新的司法解释。"C 错误。《时间效力规定》第 4 条规定："对于在司法解释施行前已办结的案件，按照当时的法律和司法解释，认定事实和适用法律没有错误的，不再变动。"D 错误。

专题二　犯罪构成

考点 3　犯罪主体

（一）刑事责任能力

绝对无责任时期	不满 12 周岁的人，不承担刑事责任。年龄按周岁计算，不是指虚岁，应当以实足年龄为准，按照公历的年、月、日计算，从过生日的第二天起计算。
相对负责任时期	（1）《刑法》第 17 条第 3 款规定，已满 12 周岁不满 14 周岁的人，犯故意杀人、故意伤害罪，致人死亡或者以特别残忍手段致人重伤造成严重残疾，情节恶劣，经最高人民检察院核准追诉的，应当负刑事责任。 （2）《刑法》第 17 条第 2 款规定，已满 14 周岁不满 16 周岁的人，犯故意杀人、故意伤害致人重伤或者死亡、强奸、抢劫、贩卖毒品、放火、爆炸、投放危险物质罪的，应当负刑事责任。
完全负责任时期	《刑法》第 17 条第 1 款规定，已满 16 周岁的人犯罪，应当负刑事责任。 《刑法》第 17 条第 5 款规定，因不满 16 周岁不予刑事处罚的，责令其父母或者其他监护人加以管教；在必要的时候，依法进行专门矫治教育。
减轻责任时期	《刑法》第 17 条第 4 款规定，已满 12 周岁不满 18 周岁的人犯罪，应当从轻或者减轻处罚。 《刑法》第 17 条之一规定，已满 75 周岁的人故意犯罪的，可以从轻或者减轻处罚；过失犯罪的，应当从轻或者减轻处罚。
无责任能力	《刑法》第 18 条第 1 款规定，精神病人在不能辨认或者不能控制自己行为的时候造成危害结果，经法定程序鉴定确认的，不负刑事责任，但是应当责令他的家属或者监护人严加看管和医疗；在必要的时候，由政府强制医疗。强制医疗为保安处分措施。
完全责任能力	《刑法》第 18 条第 2 款规定，间歇性的精神病人在精神正常的时候犯罪，应当负刑事责任。 《刑法》第 18 条第 4 款规定，醉酒的人犯罪，应当负刑事责任。

续表

限定责任能力	《刑法》第 18 条第 3 款规定，尚未完全丧失辨认或者控制自己行为能力的精神病人犯罪的，应当负刑事责任，但是可以从轻或者减轻处罚。 《刑法》第 19 条规定，又聋又哑的人或者盲人犯罪，可以从轻、减轻或者免除处罚。

（二）特殊身份

概念	特殊身份，是指行为人在身份上的特殊资格，以及其他与一定的犯罪行为有关的、行为人在社会关系上的特殊地位或者状态，如亲属关系、国家工作人员等。
分类	（1）以特定公职为内容的特殊身份，如司法工作人员、邮政工作人员、税务机关工作人员等国家工作人员； （2）以特定职业为内容的特殊身份，如航空人员、铁路职工、医务人员等； （3）以特定法律义务为内容的特殊身份，如纳税人、扣缴义务人等； （4）以特定法律地位为内容的特殊身份，如证人、鉴定人、记录人、翻译人等； （5）以持有特定物品为内容的特殊身份，如依法配备公务用枪的人员等； （6）以参与某种活动为内容的特殊身份，如投标人、公司发起人等； （7）以患有特定疾病为内容的特殊身份，如严重性病患者； （8）以居住地和特定组织成员为内容的特殊身份，如境外黑社会组织的人员等。
国家工作人员	（1）在国家机关中从事公务的人员（国家机关工作人员）； （2）在国有公司、企业、事业单位、人民团体中从事公务的人员； （3）国家机关、国有公司、企业、事业单位等国有性质单位委派到非国有单位从事公务的人员； （4）其他依照法律从事公务的人员。 注意：村民委员会等村基层组织人员协助人民政府从事下列行政管理工作，属于其他依照法律从事公务的人员： （1）救灾、抢险、防汛、优抚、扶贫、移民、救济款物的管理； （2）社会捐助公益事业款物的管理； （3）国有土地的经营和管理； （4）土地征收、征用补偿费用的管理； （5）代征、代缴税款； （6）有关计划生育、户籍、征兵工作； （7）协助人民政府从事的其他行政管理工作。

（三）单位犯罪

成立条件	（1）主体：分支机构或内设机构、部门可以成立单位犯罪；但不具备法人资格的私营企业不能成立。 （2）主观：要求具有单位的整体意志。可以是故意，也可以是过失，如工程重大安全事故罪。 （3）要求为单位谋取非法利益。
不以单位犯罪论处的情形	（1）个人为进行违法犯罪活动而设立的公司、企业、事业单位实施犯罪的。 （2）公司、企业、事业单位设立后，以实施犯罪为主要活动的。 （3）盗用单位名义实施犯罪，违法所得由实施犯罪的个人私分的。
处罚规则	（1）双罚制：处罚单位和直接责任人员。对单位只能判处罚金。 （2）单罚制：只处罚直接责任人员，不处罚单位。 **注意**：涉嫌犯罪单位被其主管部门、上级机构等吊销营业执照、宣告破产的，直接追究直接责任人员的刑事责任，对单位不再追究。

考点4　犯罪客体

	犯罪对象	犯罪客体
概念	为犯罪所侵犯的社会关系的主体或者物质表现。	为犯罪所侵犯而为刑法所保护的社会关系。
性质	表现行为的外部特征，一般不决定犯罪的性质。	表现行为的内在本质，决定犯罪的性质。
地位	某些犯罪的构成要件。如拐骗儿童罪，犯罪对象必须是儿童。	一切犯罪的共同构成要件。
可侵害性	并非在任何犯罪中都受到侵害。	在一切犯罪中，都受到侵害。

考点5　犯罪主观方面

（一）故意

危害行为	成立故意须认识到行为的社会危害性。不要求认识到行为触犯了法律，更不要求认识到触犯哪个罪名。

特定对象	在行为对象作为犯罪构成要件之一的犯罪中，成立该种犯罪故意，必须认识到该种对象。		
危害结果	成立犯罪故意，要求行为人明知自己的行为必然或者可能导致该罪的法定危害结果。		
因果关系	成立故意只要行为人对因果关系的基本部分有认识即可，而不要求对因果关系发展的具体状况有明确认识。		
不存在违法排除事由	须认识到自己的行为不是正当防卫、紧急避险，否则成立假想防卫、假想避险，没有犯罪故意。		
直接故意与间接故意的异同	相同点	（1）明知自己的行为会发生危害社会的结果。 （2）都不排斥危害结果发生。	
	不同点	（1）二者对危害结果发生的认识程度有所不同。直接故意是认识到危害结果发生的可能性或必然性；间接故意是认识到危害结果发生的可能性。 （2）二者对危害结果发生的态度不同。直接故意：希望；间接故意：放任。	

（二）过失

过失的分类	疏忽大意的过失	认识因素：没有预见（无认识）。		对结果发生根本反对。
	过于自信的过失	认识因素：预见到可能发生的结果。	意志因素：轻信能够避免。	
过于自信的过失与间接故意的区别	间接故意	认识因素：认识到结果发生的可能性（明知，概率大）。	意志因素：不希望结果发生（放任结果发生）。	
	过于自信的过失	认识因素：认识到危害结果发生的可能性（仅是曾经预见到，后又否认了结果发生的可能性，概率小）。	意志因素：希望结果不发生（排斥结果发生）。	
【区分标准】行为人是否有主客观的"凭借"？如果有，一般为过于自信的过失。"凭借"主要是客观环境、自身能力、经验，误以为结果发生的可能性很小等；如果没有，一般为间接故意。				

（三）事实认识错误

1. 具体事实认识错误

分类	概念	举例	分析
对象错误	行为人误把甲对象当作乙对象加以侵害，而甲对象与乙对象处于同一犯罪构成内，行为人的认识内容与客观事实仍属同一犯罪构成的情况。	甲本想杀死仇人乙，黑夜里误将丙当作乙而杀害。	根据法定符合说，刑法规定故意杀人罪是为了保护人的生命，而不只是保护特定的乙或者特定丙的生命。因此，只要甲主观上想杀人，而客观上又杀了人，那么就符合故意杀人罪的构成要件，成立故意杀人罪的既遂。本来，根据具体符合说，由于甲本欲杀乙，而客观上却杀害了丙，二者没有具体地相符合，甲对乙应成立故意杀人未遂，对丙应成立过失致人死亡。但现在的具体符合说论者也都认为，这种对象错误并不重要，因而不影响故意犯罪既遂的成立。所以，就这种对象错误而言，具体符合说与法定符合说的结论完全相同。
打击错误	指由于行为本身的误差，导致行为人所欲攻击的对象与实际受害的对象不一致，但这种不一致仍然没有超出同一犯罪构成的情况。	甲举枪射击乙，因没有瞄准而击中了旁边的丙，导致丙死亡。	法定符合说认为，因为甲对故意杀人罪中的"人"（乙是人）存在认识，故其具有杀人故意，对丙的死亡成立故意杀人既遂。但是，根据具体符合说，因为甲的内心只有杀害乙的故意，没有杀害丙的故意，有杀害乙的故意不等于有杀害丙的故意，甲所认识的事实与实际发生的事实不能具体地一致，故对丙的死亡不能认定甲构成故意杀人罪，只成立过失致人死亡罪；甲成立杀乙的故意杀人未遂与对丙的过失致人死亡罪，按照想象竞合犯从一重罪处断原则，应以故意杀人罪未遂处理。
因果关系错误	行为人预想的因果历程样态与实际发生的因果历程样态不一致。	甲为了使乙溺死而将其推入井中，井中没水，乙摔死在井中。	客观上，甲的行为与乙的死亡存在因果关系，就是甲的行为导致的死亡结果；主观上，因果关系的具体样态不是故意的认识内容，不要求行为人对此有认识，即使没有认识到或产生认识错误，也不影响犯罪故意的成立。因此，甲构成故意杀人罪既遂。

2. 抽象的事实认识错误

	情况	结论
抽象事实认识错误的处理：法定符合说	主观想犯的罪与客观犯的罪没有重合性。	成立故意犯罪未遂（有时是不能犯）与过失犯罪的想象竞合犯。
	主观想犯的轻罪与客观犯的重罪具有重合性。	经过包容评价后，在重合的范围内成立轻罪既遂。
	主观想犯的重罪与客观犯的轻罪具有重合性。	成立重罪的未遂与轻罪的既遂，想象竞合，从一重罪论处。

考点 6　犯罪客观方面

（一）作为犯与不作为犯

分类	概念	关系
作为犯	以积极的身体举动实施刑法禁止的行为。	（1）作为与不作为的相竞合。例如，汽车司机在十字路口遇到红灯时，仍然向前行驶，导致行人死亡。从不应当向前行驶而向前行驶（不应为而为）的角度来看，属于作为；从应当刹车而不刹车（应为而不为）的角度来看，则属于不作为。所以此案件从两个角度分别分析，均可以得出一致的结论，即交通肇事罪。
不作为犯	行为人在能够履行自己应尽义务的情况下不履行该义务。	（2）作为与不作为的相结合。例如，抗税是逃避纳税义务的行为。在此意义上说，抗税行为包括了不作为。但是，抗税罪并非单纯地不履行纳税义务，还要求行为人实施了"抗"税的行为。根据刑法规定，以暴力、胁迫方法拒不缴纳税款的，是抗税，而上述手段行为只能表现为作为，故抗税行为同时包含了作为与不作为。

（二）不作为犯

成立条件	应为：负有作为义务	对危险源的监督义务。	（1）危险源是危险物（危险动物、危险物品、危险设施等）。 （2）危险源是他人的危险行为。 （3）危险源是自己的先前危险行为。
		因特殊关系对法益的保护义务。	（1）法律规范产生的法益保护义务。 （2）职业、职务、制度或者体制产生的法益保护义务。 （3）合同关系或自愿接受行为产生的法益保护义务。
		支配危险发生的领域产生的义务。	（1）对自己支配的建筑物、汽车等场所内的危险的消除义务。 （2）对发生在自己身体上的危险行为的阻止义务。
	能为：有作为的可能性	从行为人自身能力和客观条件两方面判断，是否有作为的可能性。	
	不为：未履行作为义务，造成了结果	（1）须有避免结果发生的可能性。如果行为人已充分履行了作为义务，结果仍不可避免地发生，则说明结果是其他因素造成，不是行为人不履行义务造成的，行为人不成立不作为犯罪。 （2）须实施足以防止结果发生的行为，才视为履行作为义务。如果其行为明显不足以防止结果发生，视为未履行义务。	
分类	真正（纯正）的不作为犯	（1）作为义务的发生根据（该为）。 （2）作为的可能性（能为）。 （3）结果回避的可能性（因果关系）。 （4）不作为与作为的等价性（处罚必要性）。 （5）常考罪名：①丢失枪支不报罪。②不报安全事故罪。③拒不支付劳动报酬罪。④拒不执行判决、裁定罪。⑤巨额财产来源不明罪。⑥拒不履行信息网络安全管理义务罪。⑦遗弃罪。	
	不真正（不纯正）的不作为犯	举例：故意杀人罪，既可用刀捅死人，也可将婴儿活活饿死。当用不作为饿死婴儿时为不真正不作为犯。	

（三）刑法上的因果关系

因果关系概说	因果关系中的"因"仅指犯罪的实行行为。	日常生活行为引起了结果，不存在刑法上的因果关系。
	因果关系中的"果"仅指犯罪的实害结果。	特定时间与地点的、具体的实害结果，不是假设的结果。
	因果关系有客观性，与人的主观认识无关。	应以行为时的客观事实为基础来判断因果关系，不能以行为人的主观认识为标准。
	因果关系的有无与刑事责任有无不可混淆。	即使行为和结果之间有因果关系，也只说明符合了犯罪的客观要件，只有同时符合主观要件，才构成犯罪，负刑事责任。
刑法上因果关系的认定	基本方法：条件说。	当行为与结果之间存在"没有前者就没有后者"的条件关系时，前者就是后者的原因，应用的场合有： （1）被害人有特殊体质的案件。 （2）不作为犯罪中的因果关系。
	相当因果关系说（适用于存在介入因素的案件）。	该说认为实行行为对法益产生的危险应当是类型化的危险，而非偶然的危险，其制造的实害结果应当是类型化的结果，而非偶然的结果。当实行行为的类型化危险相当性地实现为现实结果时，该结果才能算到实行行为头上。如果是偶然的、非类型化的、与实行行为不具有相当性的结果，不应归责于实行行为。

考点 7　犯罪结果

实害犯	（1）实害犯是指将发生实际法益侵害结果作为处罚（定罪）根据的犯罪。 （2）过失犯罪的成立均要求实害结果的出现。
具体危险犯	（1）对法益的危险要求达到具体现实程度。是否达到具体危险，由法官来认定。如放火罪、爆炸罪、破坏交通工具罪。 （2）具体危险犯中的"危险"是一种生活、生产中常见的危险，该危险只有达到对刑法保护的法益现实的、具体的危险程度，才会被司法者所惩处。

抽象危险犯（行为犯）	（1）对法益的危险只要求达到一种抽象的危险感即可。是否达到抽象的危险感，由立法预先规定。如盗窃枪支罪；生产、销售、提供假药罪；生产、销售有毒、有害食品罪等。 （2）也称行为犯，这种"危险"在生产、生活中不常见，只要行为人实施了该行为，行为本身就蕴含着危险的性质。
结果加重犯	（1）实施基本犯罪行为，但造成了加重结果，二者之间具有直接因果关系。 （2）基本犯罪过与加重结果罪过的把握。 ①基本犯故意，加重结果过失。如故意伤害致死，非法拘禁致人重伤、死亡。 ②基本犯故意，加重结果过失或者故意。如抢劫致人重伤、死亡的，劫持航空器致人重伤、死亡的。 ③刑法就发生加重结果加重了法定刑。

【专题练习】

要点提炼

1. 关于刑事责任能力的认定，下列哪一选项是正确的？
A. 甲先天双目失明，在大学读书期间因琐事致室友重伤。甲具有限定刑事责任能力
B. 乙是聋哑人，长期组织数名聋哑人在公共场所扒窃。乙属于相对有刑事责任能力
C. 丙服用安眠药陷入熟睡，致同床的婴儿被压迫窒息死亡。丙不具有刑事责任能力
D. 丁大醉后步行回家，嫌他人小汽车挡路，将车砸坏，事后毫无记忆。丁具有完全刑事责任能力

2. 关于刑事责任能力，下列哪一选项是正确的？
A. 甲第一次吸毒产生幻觉，误以为伍某在追杀自己，用木棒将伍某打成重伤。甲的行为成立过失致人重伤罪
B. 乙以杀人故意刀砍陆某时突发精神病，继续猛砍致陆某死亡。不管采取何种学说，乙都成立故意杀人罪未遂
C. 丙因实施爆炸被抓，相关证据足以证明丙已满15周岁，但无法查明具体出生日期。不能追究丙的刑事责任
D. 丁在14周岁生日当晚故意砍杀张某，后心生悔意将其送往医院抢救，张某仍于次日死亡。应追究丁的刑事责任

3. 关于单位犯罪，下列哪些选项是正确的？
A. 就同一犯罪而言，单位犯罪与自然人犯罪的既遂标准完全相同

B. 《刑法》第一百七十条未将单位规定为伪造货币罪的主体，故单位伪造货币的，相关自然人不构成犯罪

C. 经理赵某为维护公司利益，召集单位员工殴打法院执行工作人员，拒不执行生效判决的，成立单位犯罪

D. 公司被吊销营业执照后，发现其曾销售伪劣产品 20 万元。对此，应追究相关自然人销售伪劣产品罪的刑事责任

4. 关于构成要件要素，下列哪一选项是错误的？

A. 传播淫秽物品罪中的"淫秽物品"是规范的构成要件要素、客观的构成要件要素

B. 签订、履行合同失职被骗罪中的"签订、履行"是记述的构成要件要素、积极的构成要件要素

C. "被害人基于认识错误处分财产"是诈骗罪中的客观的构成要件要素、不成文的构成要件要素

D. "国家工作人员"是受贿罪的主体要素、规范的构成要件要素、主观的构成要件要素

5. 关于不作为犯罪，下列哪一选项是正确的？

A. "法无明文规定不为罪"的原则当然适用于不作为犯罪，不真正不作为犯的作为义务必须源于法律的明文规定

B. 在特殊情况下，不真正不作为犯的成立不需要行为人具有作为可能性

C. 不真正不作为犯属于行为犯，危害结果并非不真正不作为犯的构成要件要素

D. 危害公共安全罪、侵犯公民人身权利罪、侵犯财产罪中均存在不作为犯

6. 关于不作为犯罪，下列哪些选项是正确的？

A. 儿童在公共游泳池溺水时，其父甲、救生员乙均故意不救助。甲、乙均成立不作为犯罪

B. 在离婚诉讼期间，丈夫误认为自己无义务救助落水的妻子，致妻子溺水身亡的，成立过失的不作为犯罪

C. 甲在火灾之际，能救出母亲，但为救出女友而未救出母亲。如无排除犯罪的事由，甲构成不作为犯罪

D. 甲向乙的咖啡投毒，看到乙喝了几口后将咖啡递给丙，因担心罪行败露，甲未阻止丙喝咖啡，导致乙、丙均死亡。甲对乙是作为犯罪，对丙是不作为犯罪

7. 关于因果关系，下列哪些选项是正确的？

A. 甲以杀人故意用铁棒将刘某打昏后，以为刘某已死亡，为隐藏尸体将刘某埋入雪沟，致其被冻死。甲的前行为与刘某的死亡有因果关系

B. 乙夜间驾车撞倒李某后逃逸，李某被随后驶过的多辆汽车辗轧，但不能查明哪辆车造成李某死亡。乙的行为与李某的死亡有因果关系

C. 丙将海洛因送给 13 周岁的王某吸食，造成王某吸毒过量身亡。丙的行为与王某的死亡有因果关系

D. 丁以杀害故意开车撞向周某，周某为避免被撞跳入河中，不幸溺亡。丁的行为与周某的死亡有因果关系

8. 关于因果关系，下列哪一选项是正确的？

A. 甲跳楼自杀，砸死行人乙。这属于低概率事件，甲的行为与乙的死亡之间无因果关系

B. 集资诈骗案中，如出资人有明显的贪利动机，就不能认定非法集资行为与资金被骗结果之间有因果关系

C. 甲驾车将乙撞死后逃逸，第三人丙拿走乙包中贵重财物。甲的肇事行为与乙的财产损失之间有因果关系

D. 司法解释规定，虽交通肇事重伤 3 人以上但负事故次要责任的，不构成交通肇事罪。这说明即使有条件关系，也不一定能将结果归责于行为

9. 关于因果关系的认定，下列哪些选项是正确的？

A. 甲、乙无意思联络，同时分别向丙开枪，均未击中要害，因两个伤口同时出血，丙失血过多死亡。甲、乙的行为与丙的死亡之间具有因果关系

B. 甲等多人深夜追杀乙，乙被迫跑到高速公路上时被汽车撞死。甲等多人的行为与乙的死亡间具有因果关系

C. 甲将妇女乙强拉上车，在高速公路上欲猥亵乙，乙在挣扎中被甩出车外，后车躲闪不及将乙轧死。甲的行为与乙的死亡之间具有因果关系

D. 甲对乙的住宅放火，乙为救出婴儿冲入住宅被烧死。乙的死亡由其冒险行为造成，与甲的放火行为之间没有因果关系

10. 农民甲醉酒在道路上驾驶拖拉机，其认为拖拉机不属于《刑法》第 133 条之一规定的机动车。关于本案的分析，下列哪一选项是正确的？

A. 甲未能正确评价自身的行为，存在事实认识错误

B. 甲欠缺违法性认识的可能性，其行为不构成犯罪

C. 甲对危险驾驶事实有认识，具有危险驾驶的故意

D. 甲受认识水平所限，不能要求其对自身行为负责

11. 关于犯罪故意、过失与认识错误的认定，下列哪些选项是错误的？

A. 甲、乙是马戏团演员，甲表演飞刀精准，从未出错。某日甲表演时，乙突然移动身体位置，飞刀掷进乙胸部致其死亡。甲的行为属于意外事件

B. 甲、乙在路边争执，甲推乙一掌，致其被路过车辆轧死。甲的行为构成故意伤害（致死）罪

C. 甲见楼下没人，将家中一块木板扔下，不料砸死躲在楼下玩耍的小孩乙。甲的行为属于意外事件

D. 甲本欲用斧子砍死乙，事实上却拿了铁锤砸死乙。甲的错误属于方法错误，根据法定符合说，应认定为故意杀人既遂

12. 甲、乙共同对丙实施严重伤害行为时，甲误打中乙致乙重伤，丙乘机逃走。关于本案，下列哪些选项是正确的？

A. 甲的行为属打击错误，按照具体符合说，成立故意伤害罪既遂

B. 甲的行为属对象错误，按照法定符合说，成立故意伤害罪既遂

C. 甲误打中乙属偶然防卫，但对丙成立故意伤害罪未遂

D. 不管甲是打击错误、对象错误还是偶然防卫，乙都不可能成立故意伤害罪既遂

13. 关于事实认识错误，下列哪一选项是正确的？

A. 甲本欲电话诈骗乙，但拨错了号码，对接听电话的丙实施了诈骗，骗取丙大量财物。甲的行为属于对象错误，成立诈骗既遂

B. 甲本欲枪杀乙，但由于未能瞄准，将乙身旁的丙杀死。无论根据什么学说，甲的行为都成立故意杀人既遂

C. 事前的故意属于抽象的事实认识错误，按照法定符合说，应按犯罪既遂处理

D. 甲将吴某的照片交给乙，让乙杀吴，但乙误将王某当成吴某予以杀害。乙是对象错误，按照教唆犯从属于实行犯的原理，甲也是对象错误

【专题练习答案及解析】

1. D。我国刑法中的限制刑事责任能力人虽然包括盲人，但甲实施伤害他人的行为时其辨认与控制能力并未受到失明的影响，不应将其认定为具有限定刑事责任能力。A 错误。聋哑人属于限定刑事责任能力人，但乙长期在公共场所实施扒窃活动，对自身行为的违法性具有充分认识，应认定其具有完全刑事责任能力。B 错误。服用安眠药陷入熟睡，不影响丙的责任能力的判断，致同床的婴儿被压迫窒息死亡，属于过失致人死亡的行为。C 错误。醉酒的人犯罪的，不影响刑事责任的认定。D 正确。

2. A。吸毒后产生幻觉，误以为他人追杀自己而伤害他人，属于假想防卫。甲主观上没有伤害他人的故意，应当认定为过失致人重伤罪。A 正确。乙以杀人故意刀砍陆某，构成故意杀人罪，砍杀过程中突发精神病，根据不同刑法学说可分别认定为故意杀人罪未遂和故意杀人罪既遂。B 错误。现有证据足以证明丙已满 15 周岁，根据我国刑法，丙应当对包括爆炸罪在内的 8 种犯罪承担刑事责任，不需要查明丙的具体出生日期。C 错误。丁在 14 周岁生日当晚已实施完毕故意杀人行为，尽管结果发生时丁已满 14 周岁，丁也不应当承担故意杀人罪的刑事责任。D 错误。

3. ACD。对于同一犯罪，刑法规定的犯罪构成要件是相同的，而单位犯罪和个人犯罪只是犯罪主体的不同，因此犯罪既遂的标准不存在差别。因此 A 正确。伪造货币罪未将单位规定为犯罪主体，因此不能构成单位犯罪，但这并不意味着相关自然人不构成犯罪。《全国人民代表大会常务委员会关于〈中华人民共和国刑法〉第三十条的解释》规定，公司、企业、事业单位、机关、团体等单位实施刑法规定的危害社会的行为，刑法分则和其他法律未规定追究单位的刑事责任的，对组织、策划、实施该危害社会行为的人依法追究刑事责任。B 错误。根据《刑法》第 313 条规定，拒不执行判决的犯罪主体可以是自然人也可以是单位，因此 C 正确。对于涉嫌犯罪的单位被吊销营业执照的，仍应按照刑法的规定对该单位的主管人员和其他直接负责人追究刑事责任，对该单位不再追诉。D 正确。

4. D。规范的构成要件要素是指需要法官规范的、评价的价值判断才能认定的构成要件要素；记述的构成要件要素是指只需要法官的认识活动即可确定的构成要件要素。传播淫秽物品罪中的"淫秽物品"以及"国家工作人员"等属于规范的构成要件要素，签订、履行合同失职被骗罪中的"签订、履行"属于记述的构成要件要素。积极的构成要件要素是指正面地表明成立犯罪必须具备的要素；消极的构成要件要素是指否定犯罪性的构成要件要素。签订、履行合同失职被骗罪中的"签订、履行"属于积极的构成要件要素。不成文的构成要件要素是指《刑法》条文表面上没有明文规定，但《刑法》条文之间的相互关系、《刑法》条文对相关要素的描述所确定的，成立犯罪所必须具备的要素。"被害人基于认识错误处分财产"并未规定在诈骗罪的条文中，但却属于构成诈骗罪必须具备的构成要件要素，因此属于不成文的构成要件要素。主观的构成要件要素是指表明行为人内心的、主观方面的要素，如故意、过失、目的等；客观构成要件要素是指说明行为外部的、客观方面的要素，如行为、结果、行为对象。"淫秽物品""被害人基于认识错误处分财产""国家工作人员"等均是客观的构成要件要素。故 ABC 正确；D 错误，应选。

5. D。不真正不作为犯与真正不作为犯一样，作为义务既可以源于法律的明文规定，也可以源于先行行为。A 错误。所有不作为犯的成立均要求行为人具有作为的可能性。B 错误。不真正不作为犯既可能是行为犯，也可能是结果犯。C 错误。危害公共安全罪、侵犯公民人身权利罪、侵犯财产罪中均存在不作为犯，D 正确。

6. ACD。不作为是相对于作为而言的，指行为人负有实施某种积极行为的特定的法律义务，并且能够实行而不实行的行为。可以概括为六个字：应为、能为、不为。所谓应为主要是指不作为犯罪的义务来源，主要包括以下几个方面：(1) 法律明文规定的积极作为义务；(2) 职业或者业务要求的作为义务；(3) 法律行为引起的积极作为义务；(4) 先行行为引起的积极作为义务。需要注意的是，仅仅是道义道德上的义务不能作为不作为犯罪的义务来源。A 中甲对于年幼的孩子有救助的义务，救生员乙由于其职业的要求同样具有救助的义务，能救助而故意不救，因此甲、乙均成立不作为犯罪，因此 A 正确；B 中虽然丈夫误认为没有救助妻子的义务，但是其主观上是放任妻子死亡结果的发生的，因而主观心态仍属于故意，不是过失的不作为犯罪，B 错误；C 中甲对母亲有救助义务，并且在当时的情况下甲有能力救助而没有及时救助母亲，因此构成不作为犯罪，C 正确；D 中甲故意往乙的咖啡中投毒，希望毒死乙的结果发生，属于作为的犯罪。由于甲往乙的咖啡中投毒的行为存在危险，因而甲在丙喝乙的咖啡时具有阻止的义务，但是甲并未阻止，致使丙死亡结果的发生，属于不作为犯罪，因此 D 正确。

7. ABCD。因果关系的认识错误是指行为人对其行为与危害后果之间的因果关系有不符合实际情况的错误认识。本题中，甲将刘某打昏后以为其已死亡，遂将其尸体埋入雪沟，致使刘某被冻死，属于事前的因果关系认识错误。通常认为在此种情况下，第一个行为与死亡结果之间的因果关系并未中断，应肯定第一行为与结果之间的因果关系，且所发生的结果与行为人意图实现的结果相一致，因此应以故意杀人罪既遂论处。A 正确。若行为人履行义务就可以阻止或者避免危害结果，但行为人未履行义务，使该结果发生，则该不作为行为与危害结果具有因果关系。B 正确。13 岁的王某不具有辨认和控制能力，无法认识到过量吸食毒品造成的危害，丙向王某赠送毒品的行为与王某死亡结果具有直接的因果关系。C 正确。丁实施的杀害行为具有高度的危险性，导致周某不得不跳河求生，周某因跳河溺水死亡的结果与丁的行为之间具有因果关系。D 正确。

8. D。刑法中的因果关系是指危害行为与危害结果之间的引起与被引起的关系。目前刑法理论上关于因果关系的判断标准是条件说，即要求危害行为与危害结果之间存在"没有前者就没有后者"的关系，且作为条件的行为必须是有导致结果发生可能性的行为，否则不承认有条件关系。A 中，甲跳楼自杀的行为本身具有一定的危险性，如果没有甲跳楼自杀的行为，从楼下经过的行人乙就不会被砸中，死亡结果也不会发生，因此，二者之间形成了"没有前者就没有后者"的条件关系，甲跳楼自杀的行为无疑是行人乙死亡的原因之一，二者之间存在因果关系，因此 A 错误。集资诈骗案中，行为人必须使用诈骗方法非法集资。正是由于行为人虚构事实、隐瞒真相等诈骗行为，出资人才自愿将资金交给行为人处置。因此，非法集资行为与资金被骗结果之间存在因果关系。出资人主观上是否有贪利的动机，并不会影响这种因果关系的成立，B 错误。在认定因果关系时，需要注意行为人的行为介入第三者的行为而导致结果发生的场合，要判断某种结果是否与行为人的行为存在因果关系，应当考察行为人的行为导致结果发生的可能性的大小、介入情况的异常性大小以及介入情况对结果发生作用的大小。C中甲的肇事行为与乙被撞死之间存在因果关系，但是甲交通肇事后逃逸，乙的贵重财物并未受到侵害，而是由于介入第三者丙的行为致使乙的财产受到损失。因此，不能认定甲的肇事行为与乙的财产损失之间有因果关系，C错误。D中，交通肇事负事故次要责任的行为人的行为与重伤3人的后果存在"没有前者就没有后者"的关系，但是因果关系属于犯罪构成中客观构成要件要素，属于客观事实，认定有因果关系不等同于构成犯罪或追究刑事责任，还要综合考虑主观方面等因素。所以D正确，当选。

9.ABC。刑法中的因果关系所要说明的是危害行为与危害结果之间的引起与被引起的关系。刑法上因果关系的判断标准是条件说，即没有前者就没有后者，前者是后者的原因。A中，甲、乙同时分别实施了向丙开枪的危害行为，虽然均未击中要害，但是二人行为合力的后果导致了丙死亡，缺少甲或者乙的行为，丙可能就不会死亡，因此，甲、乙的行为与丙的死亡均存在因果关系，A正确。在认定因果关系时，需要注意行为人的行为介入第三者的行为而导致结果发生的场合，要判断某种结果是否与行为人的行为存在因果关系，应当考查行为人的行为导致结果发生的可能性的大小、介入情况的异常性大小以及介入情况对结果发生作用的大小。B中，乙之所以跑到高速公路上，是由于甲等多人对其实施追杀行为，又发生在深夜，乙被迫作出的选择，虽然乙被汽车撞死，但是甲等多人深夜的追杀行为起到最为重要的作用，因此，甲等多人的行为与乙的死亡间具有因果关系，B正确。C中，甲在高速公路上欲猥亵乙是极其危险的行为，乙必然会反抗挣扎，最终导致乙被甩出车外，由于在高速公路上车速高、车辆多，虽然是后车躲闪不及将乙轧死，但甲的行为与乙的死亡之间具有因果关系，所以C正确。D中，甲对乙的住宅实施了放火行为，乙冲进房中救婴儿属于人之常情，不能导致因果关系中断，因此，乙的死亡结果与甲的放火行为之间存在因果关系，D错误。故，本题的正确答案为ABC。

10.C。根据刑法通说，违法性认识并不要求行为人准确认识到其行为触犯了刑法哪一个具体罪名。甲醉酒驾驶拖拉机，误以为其行为不构成危险驾驶罪，并不影响追究其危险驾驶罪的刑事责任。甲具有危险驾驶的犯罪故意。C正确。甲未能正确评价自身行为，构成法律认识错误而非事实认识错误，A错误。甲具有违法性认识的可能性，其行为构成故意犯罪。B错误。甲认识水平的局限性并不影响要求其对自身行为负责。D错误。

11.BCD。A中，虽然造成了乙死亡的后果，但是由于甲、乙长期合作，因此二人之间已经形成默契，甲表演失误主要是由于乙突然移动身体位置，这是甲无法预见到的，因此属于意外事件，A正确。B中，甲、乙二人争执，互相推搡在所难免，但是甲并没有伤害乙的故意。甲应当意识到在路边推搡的行为极有可能造成乙受伤，但是由于疏忽大意没有认识到，实施了伤害行为，属于疏忽大意的过失。因此，B错误。C中，甲作为理智的成年人，应当认识到将木板从楼上扔下的行为可能会伤害到他人，并且木板掉落的位置具有很大的随意性，无法确定，甲为此还专门确定楼下是否有人，因此在确定无人，轻信不会发生伤害行为的情况下实施了该行为，甲属于过于自信的过失，构成过失致人死亡罪，所以C错误。方法错误是指由于行为本身的误差，导致行为人所欲攻击的对象与实际受害的对象不一致。D中，甲欲攻击的对象和实际受害的对象都是乙，不存在方法错误的问题。因此，D 错误。故，本题的正确答案为 BCD。

12. CD。打击错误和对象错误的区别在于：打击错误是指因为打击失误不小心伤害他人，对象错误是指误以为他人为准备伤害的对象而实施伤害。本案中甲的行为属于打击错误而非对象错误。根据法定符合说，对象错误和打击错误均不影响犯罪既遂的成立，根据具体符合说则相反。本案中，根据法定符合说甲的行为成立故意伤害罪既遂，根据具体符合说甲的行为成立故意伤害罪未遂和过失致人重伤罪。AB 错误。偶然防卫是指在客观上加害人正在或即将对被告人或他人的人身进行不法侵害，但被告人主观上没有认识到这一点，出于非法侵害的目的而对加害人使用了武力，客观上起到了人身防卫的效果。本案中甲的行为属于偶然防卫，但这并不影响其行为对于丙构成故意伤害罪未遂。C 正确。乙虽然与甲实施共同犯罪行为，但由于最终未能伤害丙，反而伤害了乙自己，乙的行为并未对其他人造成实际伤害后果，因此无论如何也不可能成立故意伤害罪既遂。D 正确。

13. A。事实认识错误分为具体的事实认识错误与抽象的事实认识错误。具体的事实认识错误主要包括对象错误、打击错误与因果关系的错误。对象错误是指误把甲对象当成乙对象侵害，打击错误是指由于行为本身差误导致欲攻击甲实际攻击乙。二者的区别在于：对象错误的行为人主观上产生了认识错误，打击错误的行为人主观上没有认识错误，错误结果的发生是因为外在的客观原因。A 因拨错号码导致将接听电话的丙错误认成计划中的诈骗对象乙，属于对象错误，成立诈骗既遂。A 正确。B 中，甲属于打击错误。根据具体符合说，由于客观事实与行为人的主观认识没有形成具体的符合，构成故意杀人罪未遂与过失致人死亡罪的想象竞合犯，从一重罪论处。而根据法定符合说，则构成故意杀人罪既遂。故 B 错误。事前的故意，是指行为人误认为第一个行为已经造成结果，出于其他目的实施第二个行为，实际上是第二个行为才导致预期结果的情况。事前的故意属于因果关系错误，属于具体的事实认识错误而非抽象的事实认识错误。按照法定符合说，第一行为与死亡结果之间的因果关系并未中断，而且现实所发生的结果与行为人意欲实现的结果完全一致，应按照犯罪既遂论处。C 错误。D 中，乙主观上发生了认识错误，属于典型的对象错误。但对于甲来说，其认识上并未发生错误，按照共犯理论可将乙的行为理解为甲的行为的延伸，甲属于打击错误而非对象错误。D 错误。

专题三　犯罪排除事由

考点 8　正当防卫

概念	为了使国家、公共利益、本人或者他人的人身、财产和其他权利免受正在进行的不法侵害，而采取的制止不法侵害的行为，对不法侵害人造成损害的，属于正当防卫，不负刑事责任。	
条件	防卫起因	不法侵害。该不法侵害必须具备社会危害性和侵害紧迫性。
	防卫对象	不法侵害人本人。 防卫第三人：（1）符合紧急避险条件的，应以紧急避险论，不负刑事责任； （2）出于侵害之故意的，以故意犯罪论； （3）出于对事实的认识错误，但主观上具有过失的，以过失犯罪论。
	防卫意图	认识因素（认识到危险的存在）和意志因素（决意制止正在进行的不法侵害）。防卫挑拨和互相斗殴不能视为正当防卫。
	防卫时间	不法侵害正在进行，即侵害处于实行阶段（已经发生并且尚未结束）。
	防卫限度	没有超过必要限度。
防卫过当	正当防卫明显超过必要限度造成重大损害的，应当负刑事责任，但是应当减轻或者免除处罚。	
特殊正当防卫	对正在进行行凶、杀人、抢劫、强奸、绑架以及其他严重危及人身安全的暴力犯罪，采取防卫行为，造成不法侵害人伤亡的，不属于防卫过当，不负刑事责任。	

考点 9　紧急避险

概念	为了使国家、公共利益、本人或者他人的人身、财产和其他权利免受正在发生的危险，不得已采取的紧急避险行为，造成损害的，不负刑事责任。

条件	避险起因	存在现实危险。包括人的行为、自然界的力量和动物的袭击。
	避险对象	第三人。
	避险意图	行为人实行紧急避险的目的在于使国家、公共利益、本人或者他人的人身、财产和其他权利免受正在发生的危险。避免本人危险的规定，不适用于职务上、业务上有特定责任的人。
	避险时间	危险迫在眉睫。
	避险可行性	在不得已的情况下实施。
	避险限度	没有超过必要限度，造成不应有的损害。
避险过当		紧急避险超过必要限度造成不应有的损害的，应当负刑事责任，但是应当减轻或者免除处罚。

考点 10　其他犯罪排除事由

法令行为	基于成文法律、法令、法规的规定，作为行使权利或者承担义务所实施的行为。
正当业务行为	虽然没有法律、法令、法规的直接规定，但在社会生活中被认为是正当业务上的行为。
被害人承诺	（1）承诺者对被侵害的法益具有处分权限； （2）承诺者必须对所承诺的事项的意义、范围有理解能力； （3）承诺必须出于被害人的真实意志； （4）必须存在现实的承诺（现实上没有被害人的承诺，但如果被害人知道事实真相后当然会承诺，在这种情况下，推定被害人的意志所实施的行为，就是基于推定的承诺的行为）； （5）承诺至迟必须存在于结果发生时，被害人在结果发生前变更承诺的，则原来的承诺无效； （6）经承诺所实施的行为不得超出承诺的范围。
自救行为	（1）行为人是先前受到损害的直接被害人，其试图恢复的权利具有正当性； （2）恢复权利的手段具有社会相当性； （3）存在恢复权利的现实必要性和紧迫性，等待公权力救济难以有效实现自己的权利； （4）相对方（被害人）不会因为自救行为受到额外的损害。

【专题练习】

 要点提炼

1. 关于正当防卫与紧急避险的比较，下列哪一选项是正确的？

A. 正当防卫中的不法"侵害"的范围，与紧急避险中的"危险"相同

B. 对正当防卫中不法侵害是否"正在进行"的认定，与紧急避险中危险是否"正在发生"的认定相同

C. 对正当防卫中防卫行为"必要限度"的认定，与紧急避险中避险行为"必要限度"的认定相同

D. 若正当防卫需具有防卫意图，则紧急避险也须具有避险意图

2. 鱼塘边工厂仓库着火，甲用水泵从乙的鱼塘抽水救火，致鱼塘中价值 2 万元的鱼苗死亡。仓库中价值 2 万元的商品因灭火及时未被烧毁。甲承认仓库边还有其他几家鱼塘，为报复才从乙的鱼塘抽水。关于本案，下列哪一选项是正确的？

A. 甲出于报复动机损害乙的财产，缺乏避险意图

B. 甲从乙的鱼塘抽水，是不得已采取的避险行为

C. 甲未能保全更大的权益，不符合避险限度要件

D. 对 2 万元鱼苗的死亡，甲成立故意毁坏财物罪

3. 关于正当防卫的论述，下列哪一选项是正确的？

A. 甲将罪犯顾某扭送派出所途中，在汽车后座上死死摁住激烈反抗的顾某头部，到派出所时发现其已窒息死亡。甲成立正当防卫

B. 乙发现齐某驾驶摩托车抢劫财物即驾车追赶，2 车并行时摩托车撞到护栏，弹回与乙车碰撞后侧翻，齐某死亡。乙不成立正当防卫

C. 丙发现邻居刘某（女）正在家中卖淫，即将刘家价值 6000 元的防盗门砸坏，阻止其卖淫。丙成立正当防卫

D. 丁开枪将正在偷越国（边）境的何某打成重伤。丁成立正当防卫

4. 甲的邻居乙家中着火，甲便冲入乙家救火。因火势太大，甲无法将位于乙家中的婴儿丙（1 岁）带出，甲便将丙从二楼窗户上扔下。后甲自己从大火中逃出，赶紧将被摔伤的丙送往医院，最终造成丙轻伤。关于甲的行为，下列说法错误的是：

A. 甲的行为属于紧急避险

B. 甲的行为在客观上都不属于犯罪行为，不需要通过正当防卫、紧急避险等排除犯罪性事由将其从犯罪中排除出去，不属于紧急避险，不构成犯罪

C. 甲的行为在客观上降低了丙的风险，不构成犯罪

D. 甲的行为成立过失致人重伤罪

【专题练习答案及解析】

1. D。正当防卫中的不法"侵害"直接来源于不法侵害人，紧急避险中的"危险"来源除了不法侵害人外还包含自然力量或野生动物的攻击等。A 错误。正当防卫中不法侵害"正在进行"是指不法侵害已经开始但尚未结束；紧急避险中危险"正在发生"则指危险已经发生或迫在眉睫并且尚未消除。B 错误。正当防卫的"必要限度"是制止不法侵害、保护法益所必需的限度。紧急避险的"必要限度"是所造成的损害不超过所避免的损害、足以排除危险所必要的限度。二者并不相同。C 错误。主张正当防卫需具有防卫意图的，则紧急避险也需具有避险意图。D 正确。

2. B。避险意图是紧急避险成立的主观要件，即行为人实行紧急避险必须是为了保护合法利益。甲从乙的鱼塘抽水救火，主观上是为了救火，属于"为了使他人的人身、财产和其他权利免受正在发生的危险"，有报复动机并不影响避险意图的成立，A 错误。紧急避险是通过损害一个合法权益而保全另一合法权益，所以对于紧急避险的可行性必须严格限制。只有在不得已即没有其他方法可以避免危险时，才允许实行紧急避险。甲的仓库边虽然有其他的鱼塘，但在当时的情况下，火势紧急，无论从哪一家鱼塘抽水，都会造成损失，因此从乙的鱼塘抽水是不得已的避险行为。所以 B 正确。紧急避险的限度条件是要求避险行为不能超过其必要限度，造成不应有的损害。对于财产权益而言，不允许为了保护较小的财产权益而牺牲另一个较大的财产权益，乙鱼塘鱼苗的价值和甲仓库商品的价值相当，不应认为超过必要限度，C 错误。甲选用乙鱼塘的水灭火是在不得已情形下实施的，所以甲的行为构成紧急避险，对于 2 万元鱼苗的死亡，甲不成立故意毁坏财物罪。故 D 错误。

3. B。《刑法》第 20 条第 1 款规定，为了使国家、公共利益、本人或者他人的人身、财产和其他权利免受正在进行的不法侵害，而采取的制止不法侵害的行为，对不法侵害人造成损害的，属于正当防卫，不负刑事责任。由此可见，成立正当防卫必须满足如下条件：（1）起因条件：正当防卫的起因必须是具有客观存在的不法侵害；（2）时间条件：不法侵害正在进行；（3）主观条件：具有防卫意识；（4）对象条件：针对不法侵害人本人实施；（5）限度条件：没有明显超过必要限度。A 中罪犯顾某的不法侵害行为已经结束，顾某之所以激烈反抗是出于自保的本能，因此不存在防卫的前提条件，甲的行为不成立正当防卫，A 错误。B 中齐某已经取得财物，犯罪行为已经结束，因此不成立正当防卫，B 正确。C 中不法侵害并未对合法权益造成紧迫性的侵害，因此不具备正当防卫的时间条件，C 错误。D 中丁虽然是为了保护国家利益，但是不存在时间的紧迫性，同时超过了防卫的限度，因此丁也不成立正当防卫，D 错误。

4. AD。（1）紧急避险和正当防卫都是客观的违法阻却事由，其逻辑的客观结构是符合刑法分则规定的犯罪构成要件的（制造法律所禁止的风险），只有二者披上了各自合法的外衣（为了保护法益、不得已为了保大舍小），才能将自己本身的"犯罪行为"合法化。本案甲根本就是在实施救人（降低危险）行为，不符合犯罪行为的特征，也就谈不上紧急避险。（2）紧急避险是不得已的情况下而实施的转移风险给他人的行为，涉及无辜第三人被侵犯的问题，本案中并不符合这个特点。其实本案中好多同学侧重感觉到是不得已而为之这个问题，但是不得已而为之并不是紧急避险的全部要件。综上，BC 正确，AD 错误。

专题四　犯罪未完成形态

考点 11　犯罪预备

	概念	成立条件	处罚
犯罪预备	为了犯罪，准备工具、制造条件的，是犯罪预备。	（1）主观上为了实施犯罪。 （2）客观上为实行行为做了准备。 （3）事实上未能着手实行犯罪。 （4）未能着手实行犯罪是由于行为人意志以外的原因。	可以比照既遂犯从轻、减轻处罚或者免除处罚。

考点 12　犯罪未遂

	概念	成立条件	处罚
犯罪未遂	已经着手实行犯罪，由于犯罪分子意志以外的原因而未得逞的，是犯罪未遂。	（1）已经着手实施犯罪。判断"着手"的形式标准是开始实施刑法分则规定的实行行为，实质标准是行为对法益是否造成直接、现实、紧迫的危险。 （2）犯罪未得逞。犯罪未得逞，是指法益虽然面临威胁但尚未被侵害，行为人所希望或者放任的、行为性质所决定的危害结果没有发生。 （3）犯罪未得逞是由于犯罪分子意志以外的原因。犯罪分子意志以外的原因，是指始终违背犯罪分子意志的，客观上使犯罪不可能既遂，或者使犯罪分子认为不可能既遂从而被迫停止犯罪的原因。	可以比照既遂犯从轻或者减轻处罚。

考点 13　犯罪中止

	概念	成立条件	处罚
犯罪中止	在犯罪过程中，自动放弃犯罪或者自动有效地防止犯罪结果发生的，是犯罪中止。	（1）时间性。犯罪中止只发生在故意犯罪的过程之中，预备之前的犯意表示阶段和犯罪既遂之后均不存在中止的问题。 （2）客观性。要有中止行为。 ①自动放弃犯罪行为。 ②自动有效地防止犯罪结果的发生。 ③自动放弃可重复侵害行为的。 ④危险犯中危险状态的出现并不是犯罪既遂的标志，危险状态形成后，行为人自动采取有效措施，避免危害结果发生的，可认定为犯罪中止。 ⑤行为人的放弃必须是真实且彻底的，不能是暂时的停止。 ⑥财产犯罪中，转换犯罪对象不算犯罪中止。 （3）自动性。自动放弃犯罪或自动有效地防止犯罪结果发生。 ①放弃犯意要求具有彻底性。 ②因为嫌弃、厌恶而放弃罪行。 ③基于目的物的障碍而放弃犯罪。 ④发现存在手段障碍而放弃犯罪。 ⑤发现对方为熟人而放弃犯罪。 ⑥不能满足特定倾向而放弃犯罪。 ⑦关于认识错误问题。第一，主观上认为不能既遂，客观上却可以，根据主观定，成立未遂。第二，主观上认为完全可以既遂，客观上却不能，根据主观定，成立中止。 （4）有效性。不管是哪一种中止，都必须没有发生行为人原本所希望或者放任的、行为性质所决定的法定的犯罪结果。	对于中止犯，没有造成损害的，应当免除处罚；造成损害的，应当减轻处罚。

【专题练习】

要点提炼

1. 甲为勒索财物，打算绑架富商之子吴某（5 岁）。甲欺骗乙、丙说："富商欠我 100 万元不还，你们帮我扣押其子，成功后给你们每人 10 万元。"乙、丙将吴某扣押，但甲无法联系上富商，未能进行勒索。三天后，甲让乙、丙将吴某释放。吴某一人在回家路上溺水身亡。关于本案，下列哪一选项是正确的？

A. 甲、乙、丙构成绑架罪的共同犯罪，但对乙、丙只能适用非法拘禁罪的法定刑

B. 甲未能实施勒索行为，属绑架未遂；甲主动让乙、丙放人，属绑架中止

C. 吴某的死亡结果应归责于甲的行为，甲成立绑架致人死亡的结果加重犯

D. 不管甲是绑架未遂、绑架中止还是绑架既遂，乙、丙均成立犯罪既遂

2. 下列哪一行为成立犯罪未遂？

A. 以贩卖为目的，在网上订购毒品，付款后尚未取得毒品即被查获

B. 国家工作人员非法收受他人给予的现金支票后，未到银行提取现金即被查获

C. 为谋取不正当利益，将价值 5 万元的财物送给国家工作人员，但第二天被退回

D. 发送诈骗短信，受骗人上当后汇出 5 万元，但因误操作汇到无关第三人的账户

3. 甲为杀乙，对乙下毒。甲见乙中毒后极度痛苦，顿生怜悯，开车带乙前往医院。但因车速过快，车右侧撞上电线杆，坐在副驾驶位的乙被撞死。关于本案的分析，下列哪些选项是正确的？

A. 如认为乙的死亡结果应归责于驾车行为，则甲的行为成立故意杀人中止

B. 如认为乙的死亡结果应归责于投毒行为，则甲的行为成立故意杀人既遂

C. 只要发生了构成要件的结果，无论如何都不可能成立中止犯，故甲不成立中止犯

D. 只要行为人真挚地防止结果发生，即使未能防止犯罪结果发生的，也应认定为中止犯，故甲成立中止犯

4. 关于故意犯罪形态的认定，下列哪些选项是正确的？

A. 甲绑架幼女乙后，向其父勒索财物。乙父佯装不管乙安危，甲只好将乙送回。甲虽未能成功勒索财物，但仍成立绑架罪既遂

B. 甲抢夺乙价值 1 万元项链时，乙紧抓不放，甲只抢得半条项链。甲逃走 60 余米后，觉得半条项链无用而扔掉。甲的行为未得逞，成立抢夺罪未遂

C. 乙欲盗汽车，向甲借得盗车钥匙。乙盗车时发现该钥匙不管用，遂用其他工具盗得汽车。乙属于盗窃罪既遂，甲属于盗窃罪未遂

D. 甲在珠宝柜台偷拿一枚钻戒后迅速逃离，慌乱中在商场内摔倒。保安扶起甲后发现其盗窃行为并将其控制。甲未能离开商场，属于盗窃罪未遂

5. 下列哪些选项不构成犯罪中止？

A. 甲收买 1 名儿童打算日后卖出。次日，看到拐卖儿童犯罪分子被判处死刑的新闻，偷偷将儿童送回家

B. 乙使用暴力绑架被害人后，被害人反复向乙求情，乙释放了被害人

C. 丙加入某恐怖组织并参与了一次恐怖活动，后经家人规劝退出该组织

D. 丁为国家工作人员，挪用公款 3 万元用于孩子学费，4 个月后主动归还

6. 甲对乙实施杀害行为，一击并未致命，但致乙重伤昏迷，随时有生命危险。甲于心不忍，抱起乙准备送医抢救却不慎滑倒，乙原本已生命垂危，因摔倒再次遭受创伤而死亡。对此，下列说法正确的是：

A. 甲构成故意杀人罪既遂，救助行为不能认定为犯罪中止

B. 无论如何评价，甲均须对死亡结果负责

C. 甲的行为构成犯罪中止，由于造成了损害，应当减轻处罚

D. 甲对乙死亡的因果进程产生了错误认识，构成故意杀人罪未遂

【专题练习答案及解析】

1. D。 本案中，甲乙丙有共同犯罪故意，且实施了共同绑架吴某的行为，已构成共同犯罪。但乙和丙误以为绑架吴某的行为系为了索要合法债务，因此乙和丙构成非法拘禁罪而非绑架罪。A错误。绑架罪的既遂不需要实施勒索财物的行为，只要实际绑架了被绑架人就构成绑架罪的犯罪既遂。因此本案中甲的行为构成绑架罪既遂。甲让乙丙放人的行为也不构成绑架中止。B错误。吴某回家路上溺水身亡，属于意外事件，吴某死亡与甲绑架之间的因果关系已经中断，甲不构成绑架罪的结果加重犯。C错误。由于乙和丙构成非法拘禁罪，甲的行为构成绑架罪，因此无论甲的犯罪停止形态如何，由于乙和丙的绑架行为已经完成，只能成立非法拘禁罪的既遂。D正确。

2. D。 行为人以贩卖为目的，在网上订购毒品，表明其存在贩卖毒品的故意，也已在此主观心态支配下着手犯罪的实行行为，并且在网上支付完毕，已经完成了购买毒品的全部过程，应认定为犯罪既遂，因此A错误。国家工作人员非法收受的是请托人给予的现金支票，可以随时支取，属于收受贿赂的行为，构成犯罪既遂，因此B错误。行贿罪的既遂与未遂的标志就是交付是否完成，交付完成即为犯罪既遂。因此C已经构成行贿罪的既遂，即使第二天钱款被退回，也不能影响犯罪既遂的成立。D中行为人虽然实施了诈骗行为，受骗人基于这一信任主动交付财物而造成财产损失，但是由于受害人误操作并未汇入行为人的账户，行为人并未实际控制钱款，因此构成犯罪未遂。

3. AB。 在犯罪过程中，自动放弃犯罪或者自动有效地防止犯罪结果发生的，属于犯罪中止。不管是哪一种中止，都必须是其犯罪行为没有导致发生作为既遂标志的犯罪结果。这并不意味着只要发生了构成要件的结果，行为人无论做出多少努力都不能成立犯罪中止。如果最终犯罪结果的发生是由于一些异常因素介入，则行为人犯罪行为与犯罪结果之间的因果关系已经中断，应当认定其行为构成了犯罪中止。本案中，甲先下毒杀乙，之后又开车带乙去医院，说明甲为防止乙死亡结果的发生作出了积极努力，最终乙因撞车死亡。如果乙死亡主要是因为撞车，则交通事故的发生已经中断了甲的投毒行为与乙死亡结果之间的因果关系，甲构成故意杀人中止。如果乙死亡主要是因为甲的投毒行为，则该因果关系并未中断，甲仍然构成故意杀人既遂。AB正确，CD错误。应选AB。

4. AC。 评判既遂、未遂不能简单地从犯罪行为的客观表现形式上机械地分析，绑架罪客观行为应当视为单一行为而不是双重行为，应当以绑架行为是否实际控制了被害人质，并将其置于自己实际支配之下为标准，那种以是否实际取得钱财或其他非法利益为客观评判标准是简单的结果论。A中，绑架行为已经实施完毕，甲已经实际控制了被害人质，因此构成绑架罪的既遂，所以A正确。从抢夺罪的客观方面来看，该罪的客观方面表现为乘人不备，公然夺取他人财物的行为。这里的关键词应是夺取，而"夺取"是由"夺"和"取"这两方面组成的，因此应以行为人是否实际控制所夺取的财物来作为抢夺罪既遂与未遂的区分标准。B中，甲实施了抢夺行为，并抢得半条项链，其事后认为无用将项链扔掉的行为并不影响抢夺罪既遂的成立，因此B错误。C中，甲明知乙实施盗窃行为，仍为其提供钥匙，因此二人达成了实施盗窃行为的意思联络，但乙最终成功盗得汽车与甲提供钥匙的行为没有关系，即甲的行为对犯罪结果的发生并未实际产生原因力，故应认定甲构成盗窃罪未遂，C 正确。D 中，甲实施秘密窃取钻戒的行为，并立即逃离柜台，此时犯罪构成既遂。后甲在商场摔倒，保安扶起甲后偶然发现其有盗窃行为并将其控制，这并不会导致其行为性质由既遂转为未遂。如果甲逃离柜台时即被发现，保安追逐过程中将甲控制，则属于犯罪未遂。因此 D 错误。故，本题的正确答案为 AC。

5. **ABCD。**拐卖妇女、儿童罪客观上表现为拐骗、绑架、收买、贩卖、接送、中转妇女、儿童的行为，是选择罪名，只要具有上述行为中的一项即可构成此罪，甲以出卖为目的收买 1 名儿童就已经完成了犯罪，不存在中止问题，其是否出卖不影响既遂的成立，因此 A 不是犯罪中止。乙已经用暴力控制了被害人，行为已经既遂，不存在犯罪中止的问题，因此 B 不成立犯罪中止。组织、领导、参加黑社会性质组织罪只要是参加了且该组织又实施过犯罪活动即已经构成此罪，不存在中止的问题，C 不应当认定为犯罪中止。挪用公款归个人使用，数额较大，超过 3 个月未还的，构成挪用公款罪，丁已经挪用公款 4 个月，即犯罪已经完成了，就不存在中止的问题了，D 不成立犯罪中止。本题正确选项是 ABCD。

6. **AB。**AB 正确，甲的杀害行为对乙的死亡作用极大，即使后来摔倒在地是异常的介入因素，与之前的杀人行为是独立关系，但摔倒行为对死亡的作用较小，无法阻断前面的杀害行为与死亡的因果关系，可以认为杀害行为与摔倒行为共同作用导致了死亡结果，二者是叠加关系。因此，甲的杀害行为与死亡存在因果关系，甲构成故意杀人罪既遂。C 错误，虽然甲打算救助乙，欲中止犯罪，但是未能有效地防止死亡结果的发生，不构成犯罪中止，救助行为只能视为一个酌定的量刑情节。D 错误，客观上甲的杀害行为与死亡存在因果关系，主观上甲对于乙死亡的因果进程出现了因果关系认识错误，不影响甲构成故意杀人罪既遂。

专题五　共同犯罪

考点 14　共同犯罪的成立条件和形式

成立条件	解析	形式
两人以上	可以是自然人，也可以是单位或者自然人和单位的结合。	(1) 任意共同犯罪：可以由一人实施，也可以由两人以上实施的犯罪； (2) 必要共同犯罪：只能由两人以上实施的犯罪。
		(1) 一般共同犯罪：没有组织，包括聚众共同犯罪； (2) 特殊共同犯罪：三人以上有组织地实施犯罪。
共同故意	(1) 行为人都明知共同行为的犯罪性质和危害结果，并且希望或放任结果的发生； (2) 行为人之间有意思联络。	(1) 事前通谋的共同犯罪； (2) 事前无通谋的共同犯罪。
共同行为	(1) 可以是共同作为、共同不作为，也可以是作为和不作为的结合； (2) 犯罪行为可以分为四类：实行行为、组织行为、教唆行为、帮助行为。	(1) 简单共同犯罪：行为人都是实行犯，按照"部分实行、全部责任"的原则承担刑责； (2) 复杂共同犯罪：行为存在实行、组织、教唆、帮助等分工。

考点 15　继承的共同犯罪

承继共犯的分类	承继的实行犯	前行为人实施了一部分实行行为后，后行为人以共同实行的意思参与实行犯罪的情况。
	承继的帮助犯	前行为人实施了一部分实行行为后，知道真相的后行为人以帮助故意实施了帮助行为。

续表

承继共犯的成立条件	（1）前行为人的行为仍然在进行当中。 （2）承继的共犯人与前行为人形成合意，知道整个案件的真相参与进来，实施实行行为或者帮助行为。
承继共犯人的责任范围	后行为人对参与犯罪之前的前行为人的行为产生的加重结果不承担责任，只对与自己的行为具有因果性的结果承担责任。
责任认定	第一步：先行为的结果由先行为人负责，不能归属于后行为人。 第二步：后行为人加入后共同导致的结果，二人都负责（部分实行，全部责任）。 第三步：结果只能确定由其中一人导致，却查不清是谁，责任由先行为人承担。

考点 16　间接正犯

概念	行为人通过强制或者某些手段支配直接实施者，从而整体地控制、支配犯罪构成要件的实现。
类型	（1）利用被害人的行为。行为人利用、控制被害人使其实施自杀、自伤或者毁损本人财物的，利用者本人就是间接正犯，犯罪的结果要归责于利用者。 （2）利用无责任能力者。利用幼儿、高度精神病人等无责任能力者的行为实施犯罪，由于行为人对被利用者有完全的支配力，故构成间接正犯。 （3）利用他人不属于行为的身体活动。人无意识的举动不是刑法上的行为，如人的反射举动、睡梦中的动作，如果利用他人的这种行为犯罪，是间接正犯。 （4）利用他人无（此罪）故意的行为。 ①利用他人不知情的行为（无过失）实施犯罪，被利用者不构成犯罪，利用者构成间接正犯。 ②利用他人的过失行为实施犯罪，被利用者可构成过失犯罪，利用者构成故意犯罪的间接正犯。 ③利用他人犯他罪的故意实施犯罪，被利用者可构成较轻的故意犯罪，利用者构成较重的故意犯罪的间接正犯。 ④利用有故意无目的者的行为实施犯罪，利用者可构成目的犯的间接正犯。 ⑤有身份者利用有故意但无身份者的行为实施犯罪，有身份的利用者可构成身份犯罪的间接正犯。 第一，真正身份犯的实行犯必须有特殊身份，而教唆犯、帮助犯可以没有身份。由于间接正犯也是实行犯的一种，所以真正身份犯的间接正犯也必须具有特殊身份。 第二，如果有身份的人利用有故意但无身份的人时，无身份的人因为没有身份其行为不是身份犯罪的实行行为，不能构成正犯，利用者以身份犯罪的间接正犯论处。

考点 17　教唆犯

概念		故意唆使并引起他人实施符合构成要件的违法行为的人。
成立条件	被教唆对象	教唆犯所教唆的对象（被教唆的人）是达到刑事责任年龄、具有刑事责任能力的人，否则不成立教唆犯，而成立间接正犯。例如，成年人唆使严重精神病患者杀人的，成立故意杀人罪的间接正犯；成年人唆使 8 岁儿童窃取他人财物的，成立盗窃罪的间接正犯。在这些情形中，被教唆的人为唆使者所支配，纯粹是唆使者犯罪的工具，故唆使者成立间接正犯。上述观点是极端从属性说的看法。如果采取限制从属性说，则被唆使的人虽未达刑事责任年龄、没有刑事责任能力，但事实上具有一定的辨认控制能力，能够随机应变实施犯罪时，其也可以成为教唆的对象。
	教唆行为	（1）教唆行为必须引起他人实施符合构成要件的违法行为的意思。 （2）成立教唆犯，要以被教唆者实施符合构成要件的违法行为为前提，被教唆者是否有犯罪故意并不重要。 （3）间接教唆、连锁教唆的场合，同样构成教唆犯。 （4）教唆的具体方法没有限制，包括开导、劝告、哀求、挑拨、刺激、利诱、怂恿、命令、指示、欺骗等。
	教唆故意	教唆犯只能由故意构成，过失不可能成立教唆犯。一般来说，教唆犯认识到自己的教唆行为会使被教唆人产生犯罪故意进而实施犯罪，认识到被教唆人实施的犯罪行为会发生危害社会的结果，希望或者放任被教唆人实施犯罪行为并导致危害结果的发生。
未遂的教唆与教唆的未遂		（1）未遂的教唆，是指教唆者故意教唆他人实施不可能既遂的行为。 （2）教唆的未遂，是指教唆者故意教唆他人实施可能既遂的行为，由于外因而没能成功。 《刑法》第 29 条第 2 款规定，如果被教唆的人没有犯被教唆的罪，对于教唆犯，可以从轻或者减轻处罚。
陷害教唆		行为人以使他人受到刑事处罚为目的，诱使他人犯罪，而于被教唆人着手实行后，抓捕被教唆人，使其难以达到既遂状态。

		不是对立关系，而是包容关系，间接正犯可以包容评价为教唆犯。
教唆犯 与间接 正犯	相同 之处	客观上引起他人实施了符合构成要件的违法行为。
	不同 之处	支配程度	（1）教唆犯：对实行者没有达到支配、控制的程度。 （2）间接正犯：对实行者达到了支配、控制的程度。
		主观故意	（1）教唆犯：只是引起他人实施客观违法行为，为教唆故意。 （2）间接正犯：引起他人实施客观违法行为是方便自己得逞，为正犯故意。

考点 18　帮助犯

概念		故意对正犯提供辅助，使正犯的犯罪更容易得逞的情形。
成 立 条 件	帮 助 行 为	（1）帮助行为要与正犯的行为结果之间具有物理的或心理的因果性，即要求帮助行为具有促进危险的作用。 ①物质帮助：要求帮助行为需具有帮助的功能特征，且只要求可能性即可，不要求具有实现的必然性，包括提供凶器、帮忙踩点、排除障碍等。 ②精神帮助：要求能够证明对实行行为起到实质促进作用，包括出主意、改进犯罪方案、撑腰打气、强化犯意等。 （2）作为的帮助与不作为的帮助。 （3）中立的帮助犯。成立条件： ①明知对方正在或即将犯罪。 ②行为给对方犯罪是否起到了实质紧迫的促进作用。 （4）只要正犯的行为是符合构成要件的违法行为，即使正犯没有故意，以帮助故意实施帮助行为者，成立帮助犯（共犯的限制从属性理论）。也即"违法是连带的，责任是个别的"。 （5）帮助犯既遂的条件。 ①正犯实现犯罪既遂。 ②帮助行为与正犯的既遂结果之间具备因果关系。

	帮助故意	（1）不需要正犯具备特定的犯罪故意，即只要正犯的行为是符合构成要件的违法行为，即使正犯没有故意，以帮助故意实施帮助行为者，也可能成立帮助犯。 （2）如果帮助者主观上没有帮助的故意，而是过失的帮助行为，则过失的帮助行为与故意的实行行为之间不构成共同犯罪。
	帮助犯的量刑规则	这是指帮助犯没有被提升为正犯，依然属于帮助犯（依然坚持共犯从属性原则，依然以正犯的成立为前提），只是刑法分则为其规定了独立法定刑，不再适用总则关于帮助犯的从宽处罚规定。《刑法》第287条之二第1款规定："明知他人利用信息网络实施犯罪，为其犯罪提供互联网接入、服务器托管、网络存储、通讯传输等技术支持，或者提供广告推广、支付结算等帮助，情节严重的，处三年以下有期徒刑或者拘役，并处或者单处罚金。"该行为成立帮助信息网络犯罪活动罪，属于帮助犯的量刑规则，本罪的成立要以被帮者成立犯罪为前提。
	帮助犯未遂与未遂的帮助犯	（1）帮助犯的未遂，是指帮助行为原本可以达到既遂的状态，但由于实行犯未遂，故导致了帮助犯也未遂。 （2）未遂的帮助犯，是指帮助犯所提供的帮助行为本身不可能达到既遂状态，只能达到未遂的状态。
	对不特定正犯的帮助行为	明知自己提供的设备、方法等只能或通常用于犯罪，该行为也真的为正犯提供了促进意义，行为人成立帮助犯。但是如果上述设备、方法具有正当用途即主观上无帮助故意，即使客观有促进意义，行为人也不成立帮助犯。

考点 19　共犯人的分类及其刑事责任

分类		刑事责任
主犯①	犯罪集团的首要分子	按照集团所犯的全部罪行处罚。
	其他起主要作用的犯罪分子	按照其组织、指挥的全部罪行或者参与的罪行处罚。

---

① 主犯与首要分子的关系：除了犯罪集团的首要分子一定是主犯外，其他情形下的首要分子和主犯都没有必然的一一对应关系。

续表

分类		刑事责任
从犯	起次要作用的犯罪分子	应当从轻、减轻或免除处罚。
	起辅助作用的犯罪分子	
胁从犯	被胁迫参加犯罪的人	应当减轻或者免除处罚。
教唆犯	教唆他人犯罪	按照所教唆的罪定罪处罚。
	教唆未成年人犯罪	应当从重处罚。
	被教唆人没有犯被教唆的罪	可以从轻或者减轻处罚。

要点提炼

【专题练习】

1. 甲欲前往张某家中盗窃。乙送甲一把擅自配制的张家房门钥匙，并告甲说，张家装有防盗设备，若钥匙打不开就必须放弃盗窃，不可入室。甲用钥匙打开张家房门，无法打开，本欲依乙告诫离去，但又不甘心，思量后破窗进入张家窃走数额巨大的财物。关于本案的分析，下列哪一选项是正确的？

A. 乙提供钥匙的行为对甲成功实施盗窃起到了促进作用，构成盗窃罪既遂的帮助犯

B. 乙提供的钥匙虽未起作用，但对甲实施了心理上的帮助，构成盗窃罪既遂的帮助犯

C. 乙欲帮助甲实施盗窃行为，因意志以外的原因未能得逞，构成盗窃罪的帮助犯未遂

D. 乙的帮助行为的影响仅延续至甲着手开门盗窃时，故乙成立盗窃罪未遂的帮助犯

2. 甲欲杀丙，假意与乙商议去丙家"盗窃"，由乙在室外望风，乙照办。甲进入丙家将丙杀害，出来后骗乙说未窃得财物。乙信以为真，悻然离去。关于本案的分析，下列哪一选项是正确的？

A. 甲欺骗乙望风，构成间接正犯。间接正犯不影响对共同犯罪的认定，甲、乙构成故意杀人罪的共犯

B. 乙企图帮助甲实施盗窃行为，却因意志以外的原因未能得逞，故对乙应以盗窃罪的帮助犯未遂论处

C. 对甲应以故意杀人罪论处，对乙以非法侵入住宅罪论处。两人虽然罪名不同，但

仍然构成共同犯罪

D. 乙客观上构成故意杀人罪的帮助犯，但因其仅有盗窃故意，故应在盗窃罪法定刑的范围内对其量刑

3. 关于共同犯罪的论述，下列哪一选项是正确的？

A. 无责任能力者与有责任能力者共同实施危害行为的，有责任能力者均为间接正犯

B. 持不同犯罪故意的人共同实施危害行为的，不可能成立共同犯罪

C. 在片面的对向犯中，双方都成立共同犯罪

D. 共同犯罪是指二人以上共同故意犯罪，但不能据此否认片面的共犯

4. 下列哪些选项中的双方行为人构成共同犯罪？

A. 甲见卖淫秽影碟的小贩可怜，给小贩1000元，买下200张淫秽影碟

B. 乙明知赵某已结婚，仍与其领取结婚证

C. 丙送给国家工作人员10万元钱，托其将儿子录用为公务员

D. 丁帮助组织卖淫的王某招募、运送卖淫女

5.《刑法》第29条第1款规定："教唆他人犯罪的，应当按照他在共同犯罪中所起的作用处罚。教唆不满十八周岁的人犯罪的，应当从重处罚。"对于本规定的理解，下列哪一选项是错误的？

A. 无论是被教唆人接受教唆实施了犯罪，还是二人以上共同故意教唆他人犯罪，都能适用该款前段的规定

B. 该款规定意味着教唆犯也可能是从犯

C. 唆使不满14周岁的人犯罪因而属于间接正犯的情形时，也应适用该款后段的规定

D. 该款中的"犯罪"并无限定，既包括一般犯罪，也包括特殊身份的犯罪，既包括故意犯罪，也包括过失犯罪

6. 甲知道乙计划前往丙家抢劫，为帮助乙取得财物，便暗中先赶到丙家，将丙打昏后离去（丙受轻伤）。乙来到丙家时，发现丙已昏迷，以为是丙疾病发作晕倒，遂从丙家取走价值5万元的财物。关于本案的分析，下列哪些选项是正确的？

A. 若承认片面共同正犯，甲对乙的行为负责，对甲应以抢劫罪论处，对乙以盗窃罪论处

B. 若承认片面共同正犯，根据部分实行全部责任原则，对甲、乙二人均应以抢劫罪论处

C. 若否定片面共同正犯，甲既构成故意伤害罪，又构成盗窃罪，应从一重罪论处

D. 若否定片面共同正犯，乙无须对甲的故意伤害行为负责，对乙应以盗窃罪论处

【专题练习答案及解析】

1. D。本案中，乙明确要求甲若钥匙打不开就必须放弃盗窃，不可入室，乙与甲共同犯罪的合意是通过钥匙打开房门实施盗窃，甲通过钥匙无法打开房门，则甲、乙的共同犯罪构成未遂，乙成立盗窃罪未遂的帮助犯。甲破窗而入的行为超出了共同犯罪的故意，属于共同犯罪的实行过限，实行过限的犯罪行为由甲自己承担，对过限行为没有共同故意的乙不对过限行为负刑事责任。因此 ABC 错误，D 正确。

2. C。根据共同犯罪理论，间接正犯是指通过利用他人实施犯罪的情况，即将被利用者视为工具使用。本案中，甲直接实施杀人行为，其欺骗乙让其望风的行为不构成间接正犯。A 错误。乙与甲商议共同实施盗窃行为，但甲实施了杀人行为，依据共犯从属性说理论，只有当实行犯着手实行了犯罪时，才能适用共犯规定。因此甲、乙之间不能评价为盗窃罪的共同犯罪。BD 错误。甲的行为认定为故意杀人罪，甲与乙之间在非法侵入他人住宅的范围内成立共同犯罪，甲非法侵入住宅的行为是故意杀人行为的一部分，甲既构成非法侵入住宅罪又构成故意杀人罪，属于想象竞合犯，应认定为故意杀人罪。但甲、乙之间就非法侵入住宅罪构成共同犯罪。C 正确。

3. D。共同犯罪是指二人以上共同故意犯罪。达到刑事责任年龄、具有刑事责任能力的人支配没有达到刑事责任年龄、不具备刑事责任能力的人实施犯罪行为的，不构成共同犯罪。利用者被称为间接正犯。但是，如果被利用者在事实上具有一定的辨认控制能力，利用者并没有支配被利用者时，二者能够成立共同犯罪。故 A 错误。根据部分犯罪共同说，如果二人以上持不同的故意共同实施了某种行为，则只就他们所实施的性质相同的部分或重合部分成立共同犯罪。故 B 错误。对向犯是指以存在二人以上相互对向的行为为要件的犯罪。其中片面的对向犯是指只处罚一方的行为。对于片面的对向犯，立法者仅将其中一方的行为作为犯罪类型予以规定，说明立法者认为另一方的行为不可罚。因此，一般情况下不可运用共同犯罪理论将另一方认定为共犯进行处罚。故 C 错误。片面共犯是指参与同一犯罪的人中，一方认识到自己是在和他人共同犯罪，而另一方没有认识到有他人和自己共同犯罪。目前刑法理论通说承认片面的帮助犯。因此 D 正确。

4. BCD。对向犯是指以存在二人以上相互对向的行为为要件的犯罪。《刑法》规定的对向犯分三种情况：一是双方的罪名与法定刑相同，如重婚罪；二是双方的罪名与法定刑都不同，如贿赂犯罪中的行贿与受贿；三是只处罚一方的行为，如贩卖淫秽物品牟利罪，只处罚贩卖者，不处罚购买者。前两种都构成共同犯罪，第三种不构成共同犯罪。因此 A 错误，BC 正确。《刑法》第 358 条第 1 款规定，组织卖淫罪是指以招募、雇佣、强迫、引诱、容留等手段，控制他人从事卖淫活动的行为。D 中，王某构成组织卖淫罪。丁帮助其招募、运送卖淫女，是对王某组织卖淫行为的帮助，构成帮助犯，按照刑法理论应认定为共同犯罪。因此 D 正确。但需要注意的是，《刑法》第 358 条第 4 款明确规定，为组织卖淫的人招募、运送人员或者有其他协助组织他人卖淫行为的，按照协助组织他人卖淫罪追究刑事责任。综上，本题的正确答案为 BCD。

5. D。教唆犯是指以劝说、利诱、授意、怂恿、收买、威胁等方法唆使他人犯罪的人。教唆犯可以是一人，也可以是两人以上唆使他人犯罪。如果被教唆人实施了犯罪，则根据教唆人和被教唆人在共同犯罪中所起的作用予以处罚。由于教唆犯一般在共同犯罪的犯意形成过程中起了很大的作用，实践当中多按主犯处理，但若是两人以上实施教唆的，也可以存在起次要作用的教唆犯，亦即教唆犯的从犯。因此，AB 正确。根据刑法的理论，被教唆的对象必须是达到刑事责任年龄、具有刑事责任能力的人，否则不成立教唆犯，而成立间接正犯。虽然教唆不满 14 周岁的未成年人实施犯罪的，教唆人成立间接正犯，但并不影响对教唆人依法进行从重处罚。因此，C 正确。共同犯罪是指两人以上共同故意犯罪。两人以上共同过失犯罪，不以共同犯罪论处，应当负刑事责任的，按照他们所犯的罪分别处罚。因此，教唆他人犯罪不包括过失犯罪，所以 D 错误。本题正确答案为 D。

6. ACD。若承认片面共同正犯，甲知道乙计划前往丙家抢劫，为帮助乙取得财物，便暗中先赶到丙家，将丙打昏后离去使丙受轻伤的行为应认定为片面共同正犯，对甲应以抢劫罪论处。但是，由于乙并不知情，不能认定乙是共同正犯，乙在丙昏迷的状态下取走丙财物的行为应认定为盗窃罪。A 正确，B 错误。若否定片面共同正犯，则甲、乙二人仅对自己实施的行为承担刑事责任，甲应构成故意伤害罪和盗窃罪，择一重罪论处，乙无须对甲的故意伤害行为负责，对乙应以盗窃罪论处。CD 正确。

专题六　罪　　数

考点 20　实质的一罪

继续犯	概念	也称持续犯，是指犯罪行为与不法状态在一定时间内一直处于继续状态的犯罪，如非法拘禁罪、窝藏罪。
	特征	（1）犯罪行为与不法状态同时继续，而不仅仅是不法状态的继续。 （2）犯罪行为在一定时间内不间断地持续存在。 （3）一个行为侵犯了同一具体的客体。 （4）继续犯出于一个罪过。
	特殊问题	（1）继续犯按照一罪进行处理，与时间长短没有关系。 （2）追诉时效的起算时间从犯罪行为终了之日起计算。 （3）正当防卫时机。在犯罪既遂以后，如果犯罪行为继续存在，属于正在进行的不法侵害，允许进行正当防卫。 （4）犯罪继续期间，其他人加入的可以成立共犯。 （5）继续犯的持续时间跨越新旧刑法时，适用新法。
结果加重犯	概念	刑法规定一个犯罪行为（基本犯罪），由于发生了严重结果而加重其法定刑的情况。
	成立条件	（1）行为人实施基本犯罪行为，造成了加重结果； （2）行为人对基本犯罪具有故意，对加重结果至少有过失； （3）刑法就发生的加重结果加重了法定刑。
	处理	只成立一个罪，罪名不变，适用加重的法定刑。

想象竞合犯	概念	实施了一个行为，侵犯了数个法益，触犯数个罪名。
	处理	原则：从一重罪处断。 例外：根据《刑法》第 204 条第 2 款的规定，纳税人缴纳一般税款后，采用假报出口等手段骗取所缴税款，貌似骗取出口退税，实为逃税，定逃税罪。如果骗取的税款超过所缴纳税款，超过部分构成骗取出口退税罪，与逃税罪实行数罪并罚。这实际上是一个行为触犯两个罪名，属于想象竞合犯，但数罪并罚。

考点 21　法定的一罪

结合犯	概念	数个原本独立的犯罪，根据刑法分则明文规定结合成另一个独立的新罪。
	常见情形	(1) 绑架杀害被绑架人的，成立绑架罪。 (2) 拐卖妇女过程中又奸淫被拐卖的妇女的，成立拐卖妇女罪。 (3) 拐卖妇女过程中又引诱、强迫被拐卖的妇女卖淫的，成立拐卖妇女罪。
	处理	据法律规定，以所结合的犯罪一罪论处，而不能以数罪论处。
	注意	注意：结合犯存在未遂或者中止的可能性，即适用结合犯的法定刑，同时适用未遂或者中止的处罚规定。
集合犯	概念	犯罪构成预定了数个同种类的行为的犯罪。
	类型	(1) 常习犯：指犯罪构成预定具有常习性的行为人反复多次实施行为的，我国刑法没有规定常习犯。 (2) 职业犯：指将犯罪作为职业或业务反复实施，并被刑法规定为一罪，如非法行医罪。 (3) 营业犯：指以营利为目的反复实施某种行为，并被刑法规定为一罪，如赌博罪。
	处理	由于集合犯是法定的一罪，不实行数罪并罚。

考点 22　处断的一罪

连续犯	概念	基于同一或概括的犯意，连续实施性质相同的数个行为，触犯同一罪名的犯罪。只定一罪。
	特征	（1）基于同一或概括的故意。 （2）实施数个相同行为。 （3）数个行为具有连续性。 （4）触犯同一罪名。
	处理	（1）将多次行为作为成立犯罪的条件，也即成为一个犯罪类型。如多次盗窃、多次抢夺、多次敲诈勒索。 （2）将多次行为作为法定刑升格条件。如多次抢劫。 （3）多次行为本应独立定罪处理，但只定一罪，数额累计计算。
牵连犯	概念	牵连犯，是指犯罪的手段行为或者结果行为，与目的行为或者原因行为分别触犯不同罪名的情况，即在犯罪行为可分为手段行为与目的行为时，如手段行为与目的行为分别触犯不同的罪名，便成立牵连犯；在犯罪行为可分为原因行为与结果行为时，若原因行为与结果行为分别触犯不同的罪名，也成立牵连犯。
	特征	（1）以实施一个犯罪为目的。如为了诈骗财物而伪造国家机关公文。 （2）行为人必须实施了数行为，而且数行为之间存在手段行为与目的行为、原因行为与结果行为的牵连关系。 （3）在目的行为或者原因行为触犯了一个罪名的情况下，手段行为或结果行为又触犯了另一个罪名。
	处罚	在刑法没有特别规定的情况下，对牵连犯应从一重处罚或者从一重从重处罚。
吸收犯	概念	事实上有数个行为，一行为吸收了其他行为，仅成立吸收行为的罪名。
	特征	（1）数行为相互独立。 （2）数行为触犯不同罪名。 （3）数行为具有吸收关系，也即一个行为可以吸收评价或包括评价另一个行为。
	种类	（1）重行为吸收轻行为。 （2）实行行为吸收预备行为。 （3）主行为吸收从行为。

【专题练习】

1. 关于罪数的判断，下列哪一选项是正确的？

A. 甲为冒充国家机关工作人员招摇撞骗而盗窃国家机关证件，并持该证件招摇撞骗。甲成立盗窃国家机关证件罪和招摇撞骗罪，数罪并罚

B. 乙在道路上醉酒驾驶机动车，行驶 20 公里后，不慎撞死路人张某。因已发生实害结果，乙不构成危险驾驶罪，仅构成交通肇事罪

C. 丙以欺诈手段骗取李某的名画。李某发觉受骗，要求丙返还，丙施以暴力迫使李某放弃。丙构成诈骗罪与抢劫罪，数罪并罚

D. 已婚的丁明知杨某是现役军人的配偶，却仍然与之结婚。丁构成重婚罪与破坏军婚罪的想象竞合犯

2. 关于结果加重犯，下列哪一选项是正确的？

A. 故意杀人包含了故意伤害，故意杀人罪实际上是故意伤害罪的结果加重犯

B. 强奸罪、强制猥亵妇女罪的犯罪客体相同，强奸、强制猥亵行为致妇女重伤的，均成立结果加重犯

C. 甲将乙拘禁在宾馆 20 楼，声称只要乙还债就放人。乙无力还债，深夜跳楼身亡。甲的行为不成立非法拘禁罪的结果加重犯

D. 甲以胁迫手段抢劫乙时，发现仇人丙路过，于是立即杀害丙。甲在抢劫过程中杀害他人，因抢劫致人死亡包括故意致人死亡，故甲成立抢劫致人死亡的结果加重犯

3. 关于想象竞合犯的认定，下列哪些选项是错误的？

A. 甲向乙购买危险物质，商定 4000 元成交。甲先后将 2000 元现金和 4 克海洛因（折抵现金 2000 元）交乙后收货。甲的行为成立非法买卖危险物质罪与贩卖毒品罪的想象竞合犯，从一重罪论处

B. 甲女、乙男分手后，甲向乙索要青春补偿费未果，将其骗至别墅，让人看住乙。甲给乙母打电话，声称如不给 30 万元就准备收尸。甲成立非法拘禁罪和绑架罪的想象竞合犯，应以绑架罪论

C. 甲为劫财在乙的茶水中投放 2 小时后起作用的麻醉药，随后离开乙家。2 小时后甲回来，见乙不在（乙喝下该茶水后因事外出），便取走乙 2 万元现金。甲的行为成立抢劫罪与盗窃罪的想象竞合犯

D. 国家工作人员甲收受境外组织的 3 万美元后，将国家秘密非法提供给该组织。甲的行为成立受贿罪与为境外非法提供国家秘密罪的想象竞合犯

【专题练习答案及解析】

1. A。甲盗窃国家机关证件的行为构成盗窃国家机关证件罪，甲冒充国家机关工作人员实施招摇撞骗的行为构成招摇撞骗罪，行为人先后实施两个行为分别触犯两个罪名，应对两罪名数罪并罚。A 正确。乙在道路上醉酒驾驶机动车行驶 20 公里的行为构成危险驾驶罪，而将张某撞死的行为构成了交通肇事罪。《刑法》第 133 条之一第 3 款规定："有前两款行为，同时构成其他犯罪的，依照处罚较重的规定定罪处罚。"由于交通肇事罪处罚较重，故对乙应按照交通肇事罪论处。B 错误。《刑法》第 269 条规定，犯盗窃、诈骗、抢夺罪，为窝藏赃物、抗拒抓捕或者毁灭罪证而当场使用暴力或者以暴力相威胁的，依照抢劫罪的规定定罪处罚。丙以欺骗的手段骗取李某的名画被发现以后，为窝藏赃物向李某施以暴力的行为构成诈骗罪行为的转化犯，构成抢劫罪。C 错误。《刑法》第 259 条第 1 款规定："明知是现役军人的配偶而与之同居或者结婚的，处三年以下有期徒刑或者拘役。"丁的行为直接构成破坏军婚罪。D 错误。

2. C。结果加重犯是指法律规定的一个犯罪行为，即基本犯罪，由于发生了严重结果而加重其法定刑的情况。根据中国的刑事立法与司法实践，结果加重犯的罪名与基本犯罪的罪名是一致的，即结果加重犯不成立独立的罪名。故意伤害致人死亡就属于典型的结果加重犯，仍构成故意伤害罪，而不构成故意杀人罪。因此 A 错误；强奸罪侵犯的客体是妇女的性自主权，强制猥亵妇女罪侵犯的客体是妇女的性自主权和人格尊严。强奸行为致妇女重伤的，属于结果加重犯，加重处罚，但是强制猥亵妇女罪并未将此规定为加重处罚的情形，因此不成立结果加重犯，所以 B 错误；甲为了让乙还债而将乙拘禁的行为构成非法拘禁罪，拘禁致人死亡要求被拘禁人的死亡结果与拘禁行为存在因果关系，但是乙跳楼死亡是因为无力还债，并非拘禁行为导致的，因此不能将死亡结果归因于非法拘禁行为，因此不构成非法拘禁罪的结果加重犯，C 正确；D 中，丙的死亡行为与甲抢劫行为无关。甲实施的是两个行为，对乙实施了抢劫，对丙实施了故意杀人行为，应分别评价，予以数罪并罚。因此，甲不成立抢劫致人死亡的结果加重犯，D 错误。

3. ABCD。想象竞合犯是指基于一个罪过，实施一个犯罪行为，同时侵犯数个犯罪客体，触犯数个罪名的情况。A 中，甲实施了两个犯罪行为：一是购买危险物质；二是将毒品出售给他人，因此，不能成立非法买卖危险物质罪与贩卖毒品罪的想象竞合犯，A 错误。绑架罪的主观动机是勒索钱财或其他非法利益，绑架扣押人质只是实现主观目的的手段。B 中，甲虽然有非法拘禁乙的行为，但这只是其勒索财物的手段，因此甲构成绑架罪和非法拘禁罪的牵连犯，所以 B 错误。C 中，根据主客观相一致的原则，甲实施了两个行为：一是意图劫财而使用麻醉药准备抢劫的行为，但是由于乙不在家中，甲构成抢劫罪未遂；二是甲在乙不在家的情况下，秘密窃取现金的行为，因此构成两罪，应当数罪并罚，所以 C 错误。D 中，甲存在两个犯罪行为，构成受贿罪与为境外非法提供国家秘密罪两罪，应数罪并罚。故，本题的答案是 ABCD。

专题七 刑 罚

考点 23 刑罚种类

（一）主刑（不含死刑）

主刑	刑期	刑期起算	刑罚的裁量			刑罚的执行				
			数罪并罚	缓刑		减刑		假释		
				适用对象	考验期	刑期条件	起算	刑期条件	限制条件	考验期
管制①	3 个月~2 年	从判决执行之日起算	≤3 年			实际执行的刑期≥原刑期的 1/2	刑期从判决执行之日起算			
拘役	1 个月~6 个月		≤1 年	可以适用，但需符合相应条件②	原判刑期~1 年，且≥2 个月	同上				
有期徒刑	6 个月~15 年		总和刑期不满 35 年，数罪并罚≤20 年；总和刑期超过 35 年，数罪并罚≤25 年	≤3 年；非累犯；非犯罪集团的首要分子；符合相应条件③	原判刑期~5 年，且≥1 年	同上		实际执行的刑期≥原刑期的 1/2④	（1）累犯不得假释；（2）因暴力性犯罪⑥被判处 10 年以上有期徒刑、无期徒刑的，不得假释。	未执行完毕的刑期
无期徒刑						实际执行的刑期≥13 年	减为有期徒刑的，刑期从裁定减刑之日起算	实际执行的刑期≥13 年⑤		10 年

---

① 管制实行社区矫正。判处管制，可以根据犯罪情况，同时禁止犯罪分子在执行期间从事特定活动、进入特定区域、场所、接触特定人。违反此禁令的，由公安机关根据《治安管理处罚法》处罚。

② 相应条件是指：（1）犯罪情节较轻；（2）有悔罪表现；（3）没有再犯罪的危险；（4）宣告缓刑对所居住社区没有重大不良影响。

③ 相应条件是指：（1）犯罪情节较轻；（2）有悔罪表现；（3）没有再犯罪的危险；（4）宣告缓刑对所居住社区没有重大不良影响。

④ 具有特殊情况的，也可以不受该最低实际执行期限的限制，但必须报最高人民法院核准。

⑤ 具有特殊情况的，也可以不受该最低实际执行期限的限制，但必须报最高人民法院核准。

⑥ 根据《刑法》第 81 条第 2 款，指的是故意杀人、强奸、抢劫、绑架、放火、爆炸、投放危险物质或者有组织的暴力性犯罪。

（二）刑法关于死刑的规定

种类	罪名	规定
应处死刑	劫持航空器罪	致人重伤、死亡或者使航空器遭受严重破坏的，处死刑。
	绑架罪	杀害被绑架人，或者故意伤害被绑架人，致人重伤、死亡的，处无期徒刑或者死刑，并处没收财产。
	拐卖妇女、儿童罪	情节特别严重的，处死刑，并处没收财产。
	暴动越狱罪	情节特别严重的，处死刑。
	聚众持械劫狱罪	情节特别严重的，处死刑。
	贪污罪	贪污数额特别巨大，并使国家和人民利益遭受特别重大损失的，处无期徒刑或死刑，并处没收财产。
可处死刑	危害国家安全罪	除煽动分裂国家罪、颠覆国家政权罪、煽动颠覆国家政权罪、资助危害国家安全犯罪活动罪、叛逃罪外，对国家和人民危害特别严重、情节特别恶劣的，可以判处死刑。
不处死刑		犯罪时<18周岁的人、审判时怀孕的妇女。
		审判时≥75周岁，但以特别残忍手段致人死亡的除外。

（三）刑法关于死缓的规定

死缓期间没有故意犯罪	二年期满以后，减为无期徒刑。
死缓期间确有重大立功表现	二年期满以后，减为25年有期徒刑。
有故意犯罪，情节恶劣	报请最高人民法院核准后执行死刑。
有故意犯罪，但未执行死刑	死刑缓期执行的期间重新计算，并报最高人民法院备案。
被判处死缓的累犯以及因故意杀人、强奸、抢劫、绑架、放火、爆炸、投放危险物质或者有组织的暴力性犯罪被判死缓	法院可视情况对其限制减刑。

（四）剥夺政治权利

剥夺政治权利		适用对象	期限	起算点
	管制	（1）危害国家安全的，应当附加；（2）故意杀人、强奸、放火、爆炸、投放危险物质等严重破坏社会秩序的，可以附加。	与管制期限相同	与管制同时起算。
	拘役		1~5年	从主刑执行完毕之日；有期徒刑假释的，从假释之日。
	有期徒刑		1~5年	
	死缓、无期减为有期	应当附加	3~10年	
	无期徒刑	应当附加	终身	从主刑执行之日；假释的，从假释之日。
	死刑	应当附加	终身	从主刑执行之日。
	独立适用	明文规定	1~5年	从判决执行之日。

（五）职业禁止

1. 适用条件：（1）利用职业便利实施犯罪，或者实施违背职业要求的特定义务的犯罪被判处刑罚；（2）在刑罚执行完毕或者假释后，仍有预防其再犯罪的必要。

2. 期限：3年至5年，自刑罚执行完毕或者假释之日起计算。其他法律、行政法规另有规定的，依照其规定。

考点 24　刑罚的裁量

（一）累犯

种类	成立条件	处罚	备注
一般累犯	（1）前罪：故意犯罪，有期徒刑以上刑罚； （2）间隔：刑罚执行完毕或者赦免后 5 年内； （3）后罪：故意犯罪，有期徒刑以上刑罚； （4）过失犯罪和不满 18 周岁的人犯罪除外。	（1）应当从重处罚； （2）不得适用缓刑； （3）不得适用假释； （4）不排除适用减刑。	（1）被判处缓刑后，不管是在缓刑期内还是期满后再犯罪的，都不可能成立累犯。 （2）假释考验期内再犯新罪的，不成立累犯。 （3）"刑罚执行完毕"，是指刑罚执行到期应予释放之日。认定累犯，确定刑罚执行完毕以后"五年以内"的起始日期，应当从刑满释放之日起计算。
特殊累犯	（1）前罪后罪都是危害国家安全的犯罪、恐怖活动犯罪或黑社会性质的组织犯罪。 （2）间隔：前罪刑罚执行完毕或者赦免后再犯。		

（二）自首

概念	指犯罪以后自动投案，如实供述自己的罪行，或者被采取强制措施的犯罪嫌疑人、被告人和正在服刑的罪犯，如实供述司法机关还未掌握的本人其他罪行的行为。自首分为一般自首和特别自首两种。
一般自首	（1）自动投案：指犯罪分子犯罪后，被动归案之前，自行投于有关机关或个人，承认自己实施了犯罪，并自愿接受司法机关的审理和裁判的行为； （2）如实供述自己的罪行。 注意：犯罪嫌疑人自动投案并如实供述自己的罪行后又翻供的，不能认定为自首，但在一审判决前又能如实供述的，应当认定为自首。
特别自首	（1）主体必须是被采取强制措施的犯罪嫌疑人、被告人和正在服刑的罪犯； （2）必须如实供述司法机关还未掌握的本人其他罪行。
处罚	可以从轻或者减轻处罚。其中，犯罪较轻的，可以免除处罚。

（三）立功

概念	指犯罪分子揭发他人的犯罪行为，查证属实的，或者提供重要线索，从而得以侦破其他案件等的行为。有一般立功和重大立功两类。
一般立功	阻止他人实施犯罪活动的；协助司法机关抓捕其他犯罪嫌疑人的；等等。
重大立功	阻止他人实施重大犯罪活动的；检举监狱内外重大犯罪活动，经查证属实的；等等。
处罚	一般立功，可以从轻或减轻处罚；重大立功，可以减轻或者免除处罚。

（四）坦白

概念	指犯罪分子被动归案之后，如实供述自己罪行的行为。
处罚	对有坦白情节的犯罪分子，可以从轻处罚；因其如实供述自己罪行，避免特别严重后果发生的，可以减轻处罚。

（五）数罪并罚

情形	原则	解析	举例
判决宣告前一人犯数罪	直接并罚	（1）死刑和无期徒刑，采取吸收原则； （2）其他主刑，采取限制加重原则，即在总和刑期以下，数刑中最高刑期以上决定刑期；并且符合各刑种数罪并罚不能超过的刑期； （3）有期徒刑和拘役，执行有期徒刑； （4）有期徒刑和管制，或者拘役和管制，有期徒刑、拘役执行完毕后，管制仍需执行； （5）附加刑种类相同的，合并执行，种类不同的，分别执行。	三罪分别被判处5年附加剥夺政治权利3年、7年、10年，则总和刑期为22年，最高刑期为10年，数罪并罚不能超过20年，则应该在10~20年之间决定刑期，并且剥夺政治权利3年。

续表

情形	原则	解析	举例
刑罚执行完毕以前发现漏罪	先并后减	先按照直接并罚的原则，对以前的判决和新罪进行计算，之后再从刑期中减去已经执行的刑期，剩余的就是需要执行的刑期。	判决时只发现甲罪和乙罪，甲罪判 7 年，乙罪判 6 年，决定执行 10 年，执行 3 年后，发现判决宣告前还有漏罪丙罪，应判 8 年。则先以 10 年和 8 年计算刑期，假设决定执行 13 年，然后 13 年减去 3 年，则还需执行 10 年。
刑罚执行完毕以前又犯新罪	先减后并	前罪还剩余的刑期和新罪的刑期，按照直接处罚原则来计算。	犯甲罪判 10 年，已执行 7 年，后犯乙罪，应判 8 年，则应该在剩余刑期 3 年和 8 年中，计算刑期，决定执行 10 年，即还需执行 10 年。
刑罚执行完毕以前又犯新罪，并且有漏罪	先并后减 + 直接并罚	将原判决的罪与漏罪，先并后减，决定刑期；然后将此刑期（还未执行的刑期）与新罪，直接并罚。	判决时只发现甲罪和乙罪，甲罪判 7 年，乙罪判 6 年，决定执行 10 年，执行 3 年后，又犯乙罪，应判 5 年，且发现判决宣告前还有漏罪丙罪，应判 8 年。则先并后减：10 年和 8 年计算刑期，假设决定执行 13 年，13 年减去 3 年，则还需执行 10 年；然后直接并罚：10 年和 5 年，决定再执行 13 年。
主刑已执行完毕，在执行剥夺政治权利期间又犯罪		新罪的刑罚执行完毕后，继续执行没有执行完毕的剥夺政治权利。	犯罪人被判处有期徒刑 10 年，附加剥夺政治权利 3 年，如果在有期徒刑执行完毕剥夺政治权利 2 年后，又犯罪被判 3 年，则在 3 年的有期徒刑执行完后，还需执行剥夺政治权利 1 年。

（六）缓刑

条件	（1）被判处拘役、3 年以下有期徒刑的犯罪人； （2）犯罪情节较轻； （3）有悔罪表现； （4）无再犯可能性； （5）宣告缓刑对所居住社区没有重大不良影响。
考验期限	拘役：原判刑期以上 1 年以下，但不能少于 2 个月。 有期徒刑：原判刑期以上 5 年以下，但不能少于 1 年。 从判决确定之日起计算。
积极后果	依法实行社区矫正。没有《刑法》第 77 条规定的情形，考验期满，原判刑罚就不再执行。
撤销	（1）在缓刑考验期限内犯新罪，或者发现判决宣告前还有其他罪没有判决的； （2）违反法律、行政法规或者国务院有关部门关于缓刑的监督管理规定，或者违反人民法院判决中的禁止令，情节严重。

注意：（1）不满 18 周岁的人、怀孕的妇女和已满 75 周岁的人，符合缓刑条件的，应当宣告缓刑；
（2）不能适用缓刑的情况：累犯、犯罪集团的首要分子。

考点 25　刑罚的执行和消灭

（一）减刑

对象条件	被判处管制、拘役、有期徒刑、无期徒刑的犯罪分子。
实质条件	（1）可以减刑：刑罚执行期间，认真遵守监规，接受教育改造，确有悔改表现，或者有立功表现； （2）应当减刑：刑罚执行期间有重大立功表现。
实际执行	（1）管制、拘役、有期徒刑：不少于原判刑期的 1/2； （2）无期徒刑：不少于 13 年； （3）死缓减为无期：不少于 25 年； （4）死缓减为 25 年有期徒刑：不少于 20 年。

续表

程序	由执行机关向中级以上人民法院提出减刑建议书。人民法院应当组成合议庭进行审理，对确有悔改表现或者立功事实的，裁定予以减刑。非经法定程序不得减刑。

注意：根据《刑法》第 383 条第 4 款、第 386 条的规定，犯贪污罪、受贿罪的犯罪分子被判处死刑缓期执行，且人民法院根据犯罪情节等情况同时决定在其死刑缓期执行二年期满依法减为无期徒刑后，终身监禁的，不得减刑。

（二）假释

适用条件	（1）有期徒刑执行原判刑期 1/2 以上，无期徒刑实际执行 13 年以上； （2）认真遵守监规，接受教育改造，确有悔改表现，没有再犯罪危险。 如果有特殊情况，经最高人民法院核准，可以不受上述执行刑期的限制。
程序	由执行机关向中级以上人民法院提出假释建议书。人民法院应当组成合议庭进行审理，对符合假释条件的，裁定予以假释。非经法定程序不得假释。
撤销	（1）在假释考验期限内犯新罪的； （2）在假释考验期限内，发现被假释的犯罪人在判决宣告前还有其他罪没有判决的； （3）在假释考验期限内违反法律、行政法规或者国务院有关部门关于假释的监督管理规定，尚未构成新罪的。
考验期限	（1）有期徒刑：没有执行完毕的刑期； （2）无期徒刑：10 年； （3）从假释之日起计算。

注意：（1）对累犯以及因故意杀人、强奸、抢劫、绑架、放火、爆炸、投放危险物质或者有组织的暴力性犯罪被判处 10 年以上有期徒刑、无期徒刑的犯罪分子，不得假释。
（2）根据《刑法》第 383 条第 4 款、第 386 条的规定，犯贪污罪、受贿罪的犯罪分子被判处死刑缓期执行，且人民法院根据犯罪情节等情况同时决定在其死刑缓期执行二年期满依法减为无期徒刑后，终身监禁的，不得假释。

（三）刑罚的消灭

1. 追诉时效的期限

法定最高刑	期限
不满5年	5年
5年以上不满10年	10年
10年以上	15年
无期徒刑、死刑	20年；最高人民检察院核准的，不受限制

2. 追诉时效的起算、延长和中断

		情形
追诉时效的起算	（1）从犯罪之日起计算。	以危害结果为要件的犯罪，危害结果发生之日，即犯罪之日。
		不以危害结果为要件的犯罪，实施行为之日，即犯罪之日。
	（2）犯罪行为有连续或者继续状态的，从犯罪行为终了之日起计算。	
追诉时效的延长	（1）案件已经立案或者受理后，逃避侦查或者审判的，不受追诉期限的限制。	
	（2）被害人在追诉期限内提出控告，人民法院、人民检察院、公安机关应当立案而不予立案的，不受追诉期限的限制。	
追诉时效的中断	在追诉期限以内又犯罪的，前罪追诉的期限从犯后罪之日起计算。	

要点提炼

【专题练习】

1. 关于禁止令，下列哪些选项是错误的？

A. 甲因盗掘古墓葬罪被判刑 7 年，在执行 5 年后被假释，法院裁定假释时，可对甲宣告禁止令

B. 乙犯合同诈骗罪被判处缓刑，因附带民事赔偿义务尚未履行，法院可在禁止令中禁止其进入高档饭店消费

C. 丙因在公共厕所猥亵儿童被判处缓刑，法院可同时宣告禁止其进入公共厕所

D. 丁被判处管制，同时被禁止接触同案犯，禁止令的期限应从管制执行完毕之日起计算

2. 关于累犯，下列哪一选项是正确的？

A. 对累犯和犯罪集团的积极参加者，不适用缓刑

B. 对累犯，如假释后对所居住的社区无不良影响的，法院可决定假释

C. 对被判处无期徒刑的累犯，根据犯罪情节等情况，法院可同时决定对其限制减刑

D. 犯恐怖活动犯罪被判处有期徒刑 4 年，刑罚执行完毕后的第 12 年又犯黑社会性质的组织犯罪的，成立累犯

3. 关于自首，下列哪一选项是正确的？

A. 甲绑架他人作为人质并与警察对峙，经警察劝说放弃了犯罪。甲是在"犯罪过程中"而不是"犯罪以后"自动投案，不符合自首条件

B. 乙交通肇事后留在现场救助伤员，并报告交管部门发生了事故。交警到达现场询问时，乙否认了自己的行为。乙不成立自首

C. 丙故意杀人后如实交代了自己的客观罪行，司法机关根据其交代认定其主观罪过为故意，丙辩称其为过失。丙不成立自首

D. 丁犯罪后，仅因形迹可疑而被盘问、教育，便交代了自己所犯罪行，但拒不交代真实身份。丁不属于如实供述，不成立自首

4. 关于数罪并罚，下列哪些选项是正确的？

A. 甲犯某罪被判处有期徒刑 2 年，犯另一罪被判处拘役 6 个月。对甲只需执行有期徒刑

B. 乙犯某罪被判处有期徒刑 2 年，犯另一罪被判处管制 1 年。对乙应在有期徒刑执行完毕后，继续执行管制

C. 丙犯某罪被判处有期徒刑 6 年，执行 4 年后发现应被判处拘役的漏罪。数罪并罚后，对丙只需再执行尚未执行的 2 年有期徒刑

D. 丁犯某罪被判处有期徒刑 6 年，执行 4 年后被假释，在假释考验期内犯应被判处 1 年管制的新罪。对丁再执行 2 年有期徒刑后，执行 1 年管制

5. 关于刑罚的具体运用，下列哪些选项是错误的？

A. 甲 1998 年因间谍罪被判处有期徒刑 4 年。2010 年，甲因参加恐怖组织罪被判处有期徒刑 8 年。甲构成累犯

B. 乙因倒卖文物罪被判处有期徒刑 1 年，罚金 5000 元；因假冒专利罪被判处有期徒刑 2 年，罚金 5000 元。对乙数罪并罚，决定执行有期徒刑 2 年 6 个月，罚金 1 万元。此时，即使乙符合缓刑的其他条件，也不可对乙适用缓刑

C. 丙因无钱在网吧玩游戏而抢劫，被判处有期徒刑 1 年缓刑 1 年，并处罚金 2000 元，同时禁止丙在 12 个月内进入网吧。若在考验期限内，丙仍常进网吧，情节严重，则应对丙撤销缓刑

D. 丁系特殊领域专家，因贪污罪被判处有期徒刑 8 年。丁遵守监规，接受教育改造，有悔改表现，无再犯危险。1 年后，因国家科研需要，经最高法院核准，可假释丁

6. 关于减刑、假释的适用，下列哪些选项是错误的？

A. 对所有未被判处死刑的犯罪分子，如认真遵守监规，接受教育改造，确有悔改表现，或者有立功表现的，均可减刑

B. 无期徒刑减为有期徒刑的刑期，从裁定被执行之日起计算

C. 被宣告缓刑的犯罪分子，不符合"认真遵守监规，接受教育改造"的减刑要件，不能减刑

D. 在假释考验期限内犯新罪，假释考验期满后才发现的，不得撤销假释

7. 关于追诉时效，下列哪些选项是正确的？

A. 甲犯劫持航空器罪，即便经过 30 年，也可能被追诉

B. 乙于 2013 年 1 月 10 日挪用公款 5 万元用于结婚，2013 年 7 月 10 日归还。对乙的追诉期限应从 2013 年 1 月 10 日起计算

C. 丙于 2000 年故意轻伤李某，直到 2008 年李某才报案，但公安机关未立案。2014 年，丙因他事被抓。不能追诉丙故意伤害的刑事责任

D. 丁与王某共同实施合同诈骗犯罪。在合同诈骗罪的追诉期届满前，王某单独实施抢夺罪。对丁合同诈骗罪的追诉时效，应从王某犯抢夺罪之日起计算

8. 1999 年 11 月，甲（17 周岁）因邻里纠纷，将邻居杀害后逃往外地。2004 年 7 月，甲诈骗他人 5000 元现金。2014 年 8 月，甲因扒窃 3000 元现金，被公安机关抓获。在讯问阶段，甲主动供述了杀人、诈骗罪行。关于本案的分析，下列哪些选项是错误的？

A. 前罪的追诉期限从犯后罪之日起计算，甲所犯三罪均在追诉期限内

B. 对甲所犯的故意杀人罪、诈骗罪与盗窃罪应分别定罪量刑后，实行数罪并罚

C. 甲如实供述了公安机关尚未掌握的罪行，成立自首，故对盗窃罪可从轻或者减轻处罚

D. 甲审判时已满 18 周岁，虽可适用死刑，但鉴于其有自首表现，不应判处死刑

【专题练习答案及解析】

1. ACD。根据《刑法》规定，对于判处管制和宣告缓刑的犯罪分子，根据犯罪情况，人民法院可以"同时禁止犯罪分子在执行期间从事特定活动，进入特定区域、场所，接触特定的人"。A 中甲是被假释，不符合适用禁止令的条件，因此 A 做法错误。B 中乙被判处缓刑，法院依据其尚未履行民事赔偿义务禁止其进入特定场所，符合法律规定，B 做法正确。《关于对判处管制、宣告缓刑的犯罪分子适用禁止令有关问题的规定（试行）》第 6 条第 3 款规定，禁止令的执行期限，从管制、缓刑执行之日起计算。因此，D 做法错误。禁止令的内容要合法，不得侵犯犯罪分子依法享有的合法权益，不能禁止犯罪分子进入公共场所，因此 C 做法错误。综上，本题为选非题，正确答案为 ACD。

2. D。《刑法》第 74 条规定了不适用缓刑的情形，即对于累犯和犯罪集团的首要分子，不适用缓刑。但是对于犯罪集团的积极参加者并未限制，因此 A 错误。《刑法》第 81 条第 2 款规定："对累犯以及因故意杀人、强奸、抢劫、绑架、放火、爆炸、投放危险物质或者有组织的暴力性犯罪被判处十年以上有期徒刑、无期徒刑的犯罪分子，不得假释。"因此 B 错误。《刑法》第 50 条第 2 款规定："对被判处死刑缓期执行的累犯以及因故意杀人、强奸、抢劫、绑架、放火、爆炸、投放危险物质或者有组织的暴力性犯罪被判处死刑缓期执行的犯罪分子，人民法院根据犯罪情节等情况可以同时决定对其限制减刑。"刑法并未规定对被判处无期徒刑的累犯限制减刑，因此 C 错误。《刑法》第 66 条规定了特别累犯，即危害国家安全犯罪、恐怖活动犯罪、黑社会性质的组织犯罪的犯罪分子，在刑罚执行完毕或者赦免以后，在任何时候再犯上述任一类罪的，都以累犯论处。因此 D 正确，当选。

3. B。关于自首中"自动投案"是指犯罪人基于自己的意志积极主动投案。甲绑架他人作为人质并与警察对峙时，其客观上仍可以继续挟持人质抗拒抓捕，经警察劝说而放弃犯罪，表明其主观上真心悔过，放弃对抗，自愿接受处理，可以认定为自动投案。在"犯罪过程中"主动放弃犯罪而投案和"犯罪以后"的自动投案，都可以构成自首。A 错误。行为人如实供述自己的罪行，即犯罪人自动投案以后，如实交代自己的主要犯罪事实。乙虽然交通肇事后留在现场救助伤员，并报告交管部门发生了事故。但在交警到达现场询问时没有如实供述自己的犯罪行为，不成立自首。B 正确。丙故意杀人自动投案后如实交代自己的客观罪行的行为已经构成自首，关于丙对自身主观罪过认定的辩护属于丙辩护权的范畴，不影响自首的认定。C 错误。关于"如实供述自己的罪行"的具体认定，《最高人民法院关于处理自首和立功若干具体问题的意见》第 2 条规定："《解释》第一条第（二）项规定如实供述自己的罪行，除供述自己的主要犯罪事实外，还应包括姓名、年龄、职业、住址、前科等情况。犯罪嫌疑人供述的身份等情况与真实情况虽有差别，但不影响定罪量刑的，应认定为如实供述自己的罪行。犯罪嫌疑人自动投案后隐瞒自己的真实身份等情况，影响对其定罪量刑的，不能认定为如实供述自己的罪行……"丁交代了自己所犯罪行，虽然拒不交代真实身份，但在对定罪量刑没有影响的情况下，属于如实供述，成立自首。D 错误。

4. ABCD。《刑法》第 69 条第 2 款规定："数罪中有判处有期徒刑和拘役的，执行有期徒刑。数罪中有判处有期徒刑和管制，或者拘役和管制的，有期徒刑、拘役执行完毕后，管制仍须执行。"AB 正确。《刑法》第 70 条规定："判决宣告以后，刑罚执行完毕以前，发现被判刑的犯罪分子在判决宣告以前还有其他罪没有判决的，应当对新发现的罪作出判决，把前后两个判决所判处的刑罚，依照本法第六十九条的规定，决定执行的刑罚。已经执行的刑期，应当计算在新判决决定的刑期以内。"C 正确。《刑法》第 86 条第 1 款规定："被假释的犯罪分子，在假释考验期限内犯新罪，应当撤销假释，依照本法第七十一条的规定实行数罪并罚。"《刑法》第 71 条规定："判决宣告以后，刑罚执行完毕以前，被判刑的犯罪分子又犯罪的，应当对新犯的罪作出判决，把前罪没有执行的刑罚和后罪所判处的刑罚，依照本法第六十九条的规定，决定执行的刑罚。"D 正确。

5. AB。《刑法》第 65 条第 1 款规定，被判处有期徒刑以上刑罚的犯罪分子，刑罚执行完毕或者赦免以后，在 5 年以内再犯应当判处有期徒刑以上刑罚之罪的，是累犯，应当从重处罚，但是过失犯罪除外。第 66 条规定，危害国家安全犯罪、恐怖活动犯罪、黑社会性质的组织犯罪的犯罪分子，在刑罚执行完毕或者赦免以后，在任何时候再犯上述任一类罪的，都以累犯论处。虽然甲所犯前罪间谍罪属于危害国家安全罪，但所犯后罪参加恐怖组织罪属于危害公共安全罪，故不能成立特别累犯。此外，甲在 8 年以后又犯罪，也不构成一般累犯。A 错误。B 中，乙虽然犯数罪，但法律并不禁止对数罪并罚的犯罪人适用缓刑。B 错误。《刑法》第 77 条规定，被宣告缓刑的犯罪分子，在缓刑考验期限内，违反人民法院判决中的禁止令，情节严重的，应当撤销缓刑，执行原判刑罚。因此 C 中对丙撤销缓刑是正确的。《刑法》第 81 条规定，被判处有期徒刑的犯罪分子，执行原判刑期 1/2 以上，被判处无期徒刑的犯罪分子，实际执行 13 年以上，如果认真遵守监规，接受教育改造，确有悔改表现，没有再犯罪的危险的，可以假释。如果有特殊情况，经最高人民法院核准，可以不受上述执行刑期的限制。因此 D 正确。应选 AB。

6. ABCD。《刑法》第 78 条规定，被判处管制、拘役、有期徒刑、无期徒刑的犯罪分子，在执行期间，如果认真遵守监规，接受教育改造，确有悔改表现的，或者有立功表现的，可以减刑。可见减刑针对的是被判处管制、拘役、有期徒刑、无期徒刑的罪犯，尚未涉及权利刑、财产刑、生命刑的减免。因此，A 错误。《刑法》第 80 条规定，无期徒刑减为有期徒刑的刑期，从裁定减刑之日起计算。因此，B 错误。《最高人民法院关于办理减刑、假释案件具体应用法律的规定》第 18 条规定："被判处拘役或者三年以下有期徒刑，并宣告缓刑的罪犯，一般不适用减刑。前款规定的罪犯在缓刑考验期限内有重大立功表现的，可以参照刑法第七十八条规定予以减刑，同时应依法缩减其缓刑考验期。缩减后，拘役的缓刑考验期限不能少于二个月，有期徒刑的缓刑考验期限不能少于一年。"因此，C 错误。假释是附条件的提前释放，因此，如果被假释的犯罪人在考验期内没有遵守一定的条件或者出现了不符合条件的事实，就应当撤销假释。根据《刑法》第 86 条的规定，被假释的犯罪分子，在假释考验期限内犯新罪，应当撤销假释，依照《刑法》第 71 条的规定实行数罪并罚；如果有漏罪的，应当撤销假释，依照《刑法》第 70 条的规定实行数罪并罚；如果违反相关监督管理规定，尚未构成新的犯罪的，应当撤销假释，收监执行尚未执行完毕的刑罚。因此，不管是何时发现，只要是在假释考验期限内犯新罪的，都应撤销假释。故 D 错误。综上，ABCD 当选。

7. AC。《刑法》第 87 条规定，法定最高刑为无期徒刑、死刑的，追诉时效的期限为 20 年。如果 20 年后认为必须追诉的，须报请最高人民检察院核准。甲犯劫持航空器罪，有可能被判处死刑，因此即便经过30年，也可能被追诉，所以 A 正确。《刑法》第 89 条第 1 款规定，追诉期限从犯罪之日起计算。B 项中乙于 2013 年 1 月 10 日挪用公款，但是此时乙并未构成犯罪，只有超过 3 个月未还的才能构成挪用公款罪，因此应从 2013 年 4 月 10 日起计算追诉时效，所以 B 错误。法定最高刑为不满 5 年有期徒刑的，追诉时效的期限为 5 年。故意伤害致人轻伤的法定最高刑是 3 年，因此追诉时效是 5 年，C 中李某报案时已经超过追诉时效，因此不能追诉丙故意伤害的刑事责任，C 正确。《刑法》第 89 条第 2 款规定，在追诉期限以内又犯罪的，前罪追诉的期限从犯后罪之日起计算。即在追诉期限以内又犯罪的，前罪的追诉时效便中断，其追诉时效从后罪成立之日起重新计算。D 中丁没有犯新罪，因此对其犯合同诈骗罪的追诉时效并未因为王某新的犯罪行为而中断，因此不能重新计算，所以 D 错误。

8. ABCD。《刑法》第 232 条规定，故意杀人的，处死刑、无期徒刑或者 10 年以上有期徒刑；情节较轻的，处 3 年以上 10 年以下有期徒刑。从本案情况看，甲犯罪时系未成年人，且因邻里纠纷杀人，属于情节较轻的故意杀人，应判处 10 年以下有期徒刑。《刑法》第 87 条规定，法定最高刑为 10 年的，经过 15 年，不再追诉。本案中，自 2004 年 7 月甲犯诈骗罪起其所犯故意杀人罪的追诉时效重新计算。而甲所犯诈骗罪的法定最高刑为 3 年，经过 5 年即不再追诉。至 2014 年 8 月时，又经过了 11 年，甲所犯故意杀人罪的时效未过，而所犯诈骗罪的时效已超过。因此对甲应以盗窃罪和故意杀人罪数罪并罚。AB 错误。《最高人民法院关于处理自首和立功具体应用法律若干问题的解释》第 1 条规定，犯有数罪的犯罪嫌疑人仅如实供述所犯数罪中部分犯罪的，只对如实供述部分犯罪的行为，认定为自首。因此，本案中只对甲所犯故意杀人罪和诈骗罪成立自首，对于盗窃罪部分不可从轻或减轻处罚。C 错误。对未成年人不适用死刑，这里指的是犯罪时而非审判时未满 18 周岁，因此 D 错误。本题应选 ABCD。

专题八　危害国家安全罪

考点 26　为境外窃取、刺探、收买、非法提供国家秘密、情报罪

对象	(1) 国家秘密：包括绝密、机密、秘密三种。 (2) 情报（缩小解释）：关系到国家安全和利益，尚未公开或者依照有关规定不应公开的事项。
本罪与间谍罪	既参加间谍组织，又为其刺探国家秘密或情报的，只定间谍罪。
	明知对方是间谍组织而为对方刺探国家秘密或情报的，属于"接受间谍组织的任务"，只定间谍罪。
	不明知对方是间谍组织并为对方刺探国家秘密或情报的，定本罪。
罪数	实施窃取、刺探、收买国家秘密的行为时没有非法提供给境外机构、组织、人员的故意，但非法获取国家秘密之后，非法提供给境外机构、组织或人员的，仅以本罪论处。
法条竞合	本罪是非法获取国家秘密罪、故意泄露国家秘密罪的特别法条。
	如果犯罪对象是军事秘密，犯罪主体是军人，则构成《刑法》第 431 条第 2 款的"为境外窃取、刺探、收买、非法提供军事秘密罪"。

通过互联网将国家秘密或者情报非法发送给境外的机构、组织、个人的，以本罪定罪处罚；将国家秘密通过互联网予以发布，情节严重的，以故意泄露国家秘密罪定罪处罚。

【专题练习】

甲系海关工作人员，被派往某国考察。甲担心自己放纵走私被查处，拒不归国。为获得庇护，甲向某国难民署提供我国从未对外公布且影响我国经济安全的海关数据。关于本案，下列哪一选项是错误的？

A. 甲构成叛逃罪

B. 甲构成为境外非法提供国家秘密、情报罪

C. 对甲不应数罪并罚

D. 即使《刑法》分则对叛逃罪未规定剥夺政治权利，也应对甲附加剥夺 1 年以上 5 年以下政治权利

【专题练习答案及解析】

C。甲作为海关工作人员，在境外履行公务期间叛逃，拒不回国，符合《刑法》第 109 条规定，构成叛逃罪。同时，甲为了寻求庇护，将自己所掌握的国家秘密擅自提供给某国难民署，而这些秘密是我国从未对外公布且影响我国经济安全的海关数据，严重危及我国的国家安全，符合《刑法》第 111 条规定，构成为境外非法提供国家秘密、情报罪。因此，AB 正确。由于甲实施的两个行为是独立的行为，并没有牵连关系，因此应当数罪并罚，因此 C 的说法是错误的。《刑法》第 56 条第 1 款规定："对于危害国家安全的犯罪分子应当附加剥夺政治权利；对于故意杀人、强奸、放火、爆炸、投毒、抢劫等严重破坏社会秩序的犯罪分子，可以附加剥夺政治权利。"因此，即使《刑法》分则对叛逃罪未规定剥夺政治权利，也应对甲附加剥夺政治权利。所以 D 正确。综上，本题为选非题，正确答案为 C。

专题九　危害公共安全罪

考点 27　以危险方法危害公共安全罪

认定本罪时应注意的问题	本罪仅是放火、决水、爆炸、投放危险物质等罪的兜底，不是整个公共安全犯罪的兜底罪名。
	根据同类解释规则，"其他危险方法"应与放火、决水、爆炸、投放危险物质等方法具有相当性，不是泛指任何具有危害公共安全性质的方法。
	如果某种行为符合其他犯罪的构成且符合罪刑相适应原则，则应尽量认定为其他犯罪。
	切勿将在公共场所持刀砍人、持锐器扎人等故意杀人、故意伤害行为认定为本罪。
常见的以本罪论处的情形	（1）破坏矿井通风设备。 （2）在具有瓦斯爆炸高度危险的情形下令多人下井采煤。 （3）在多人通行的场所私设电网。 （4）在火灾现场破坏消防器材。 （5）醉酒驾车，肇事后继续驾车冲撞，放任危害后果的发生，造成重大伤亡。 （6）在高速公路上逆向高速行驶。

考点 28　交通肇事罪

（一）基本犯的构成要件

主体	包括从事交通运输的人员和非交通运输人员（乘客、行人等）。
	（1）指使、强令他人违章造成事故，构成交通肇事罪。 《最高人民法院关于审理交通肇事刑事案件具体应用法律若干问题的解释》规定，单位主管人员、机动车辆所有人或者机动车辆承包人，指使、强令他人违章驾驶造成重大交通事故，具有本解释第 2 条规定情形之一的，以交通肇事罪论处。

	（2）指使逃逸致死的"共犯"。 《最高人民法院关于审理交通肇事刑事案件具体应用法律若干问题的解释》规定，交通肇事后，单位主管人员、机动车辆所有人、承包人或者乘车人指使肇事人逃逸，致使被害人因得不到救助而死亡的，以交通肇事罪的共犯论处。
时空	公共交通管理范围内。
行为	违反交通运输管理法规，致人重伤、死亡或者使公私财产遭受重大损失的行为。
主观	过失。 （1）如果故意利用交通工具杀人的，构成故意杀人罪。 （2）故意实施醉驾等危险驾驶行为，过失造成他人重伤、死亡的，以交通肇事罪论处。 （3）故意醉酒驾车，肇事后继续驾车冲撞，放任伤亡后果发生的，按照以危险方法危害公共安全罪论处。

（二）交通肇事罪中的逃逸

逃逸，是指行为人在发生了交通事故后，为逃避法律追究而逃离事故现场的行为。

1. 交通肇事罪基本犯的成立条件（3年以下）

	损失	责任程度	情节
一般违章行为造成以下损失、应负下列责任的，构成本罪的基本犯罪	1死或3重伤以上	全部、主要	一般违章，如闯红灯。
	3死以上	同等	
	财产损失，无力赔偿30万以上	全部、主要	
违章行为造成以下损失、应负下列责任，同时有下列6种特定恶劣情节的，构成本罪的基本犯	1重伤以上	全部、主要	酒后、吸毒；无照；明知安全装置故障；明知无牌或报废；严重超载；逃逸。

2. 法定加重处罚情形

"交通运输肇事后逃逸"（3年至7年）	前提	行为人已经构成交通肇事罪的基本犯。
	主观	行为人应明知发生了交通事故。
		"逃逸"的动机为逃避法律追究。
"因逃逸致人死亡"（7年至15年）	行为	指行为人在交通肇事后逃跑，致使被害人因得不到救助而死亡。
	本质	"逃逸致死"的本质是有义务救助被害人而不救助，导致被害人死亡（不作为犯）。
	因果关系	被害人死亡结果与行为人的逃逸行为之间须具有因果关系。
		如果被害人是因之前的违章行为致死，不是因为逃逸不救助致死，不构成"因逃逸致人死亡"，属于"撞死人之后逃逸"，仅构成交通肇事后逃逸的情节加重犯。
	主观	明知发生了交通事故，对被害人死亡结果既可以是故意、也可以是过失。"逃逸"的动机：逃避法律追究。
	注意："因逃逸致人死亡"并不以行为人构成交通肇事罪的基本犯为前提。	

（三）认定

将被害人带离现场后隐藏或者遗弃	致使被害人无法得到救助而死亡或严重残疾的，应分别以故意杀人罪或故意伤害罪论处。
	当之前的事故已经构成交通肇事罪时，如超速行驶致使1人死亡、1人轻伤，再将其中的伤者隐匿造成其残疾、死亡，则应以交通肇事罪和故意伤害罪、故意杀人罪数罪并罚，此时只定伤害、杀人显然评价不足。
交通肇事后"抛尸"	交通肇事（已构成交通肇事罪）后以为被害人已死，为隐匿罪证而抛尸致死，以交通肇事罪与过失致人死亡罪数罪并罚。

考点 29　危险驾驶罪

行为	追逐竞驶（飙车）。	醉酒驾车（醉驾）。	校车、客车严重超员、严重超速。	违规运输危险化学品。
表现	在道路上驾驶机动车，追逐竞驶，情节恶劣的。 (1) 不要求 2 人以上才能构成追逐竞驶，单个人也可以追逐竞驶。 (2) 不要求出于满足精神刺激的目的。 (3) 要求情节恶劣才成立犯罪。	在道路上醉酒驾驶机动车的。 (1) 醉驾是比酒驾更严重的程度，如果仅仅酒驾，不构成本罪。 (2) 要求行为人主观上明知自己处于醉酒状态。	从事校车业务或者旅客运输，严重超过额定乘员载客，或者严重超过规定时速行驶的。	违反危险化学品安全管理规定运输危险化学品，危及公共安全的。
主体	一般为车辆驾驶人员，如果机动车所有人、管理人对校车、客车严重超员、严重超速的行为或者违规运输危险化学品的行为负有直接责任，也构成本罪。			
共犯	二人以上追逐竞驶，情节恶劣的，构成危险驾驶罪的共同犯罪。 明知他人即将驾驶机动车而暗中在其饮料中掺入酒精，驾驶者不知情而驾驶机动车的，对掺入酒精者应以间接正犯论处。			

考点 30　妨害安全驾驶罪

概念	本罪是指对行驶中的公共交通工具的驾驶人员使用暴力或者抢控驾驶操纵装置，干扰公共交通工具正常行驶，危及公共安全，或者驾驶人员在行驶的公共交通工具上擅离职守，与他人互殴或者殴打他人，危及公共安全的行为。
行为方式	(1) 驾驶人员以外的其他人员（主要是乘客）对行驶中的公共交通工具的驾驶人员使用暴力或者抢控驾驶操纵装置，干扰公共交通工具正常行驶。 (2) 驾驶人员，其在行驶的公共交通工具上擅离职守，与他人互殴或者殴打他人。
注意	本罪是抽象危险犯，但妨害安全驾驶行为完全可能具有危害公共安全的紧迫危险，此时妨害安全驾驶行为构成诸如以危险方法危害公共安全罪等其他犯罪。对此，《刑法》第 133 条之二第 3 款规定：同时构成其他犯罪的，依照处罚较重的规定定罪处罚。

考点 31 危险作业罪

概念	本罪是指在生产、作业中违反有关安全管理的规定，实施了特定的具有发生重大伤亡事故或者其他严重后果的现实危险的生产作业活动或者相关行为。
行为方式	（1）关闭、破坏直接关系生产安全的监控、报警、防护、救生设备、设施或者篡改、隐瞒、销毁其相关数据、信息。 （2）因存在重大事故隐患被依法责令停产停业、停止施工、停止使用有关设备、设施、场所或者立即采取排除危险的整改措施而拒不执行。 （3）涉及安全生产的事项未经依法批准或者许可，擅自从事矿山开采、金属冶炼、建筑施工以及危险物品生产、经营、储存等高度危险的生产作业活动。
注意	本罪虽是故意犯，但属于抽象危险犯，所以处罚相对较轻，如果危险作业行为导致发生重大伤亡事故或者其他严重后果，应以重大责任事故罪等犯罪论处。犯本罪的，根据《刑法》第 134 条之一的规定处罚。

考点 32 帮助恐怖活动罪、准备实施恐怖活动罪

帮助恐怖活动罪	准备实施恐怖活动罪
本罪是指故意资助恐怖活动组织、实施恐怖活动的个人，或者资助恐怖活动培训，以及为恐怖活动组织、实施恐怖活动或者恐怖活动培训招募、运送人员的行为。	本罪的客观方面包括下列行为： （1）为实施恐怖活动准备凶器、危险物品或者其他工具的； （2）组织恐怖活动培训或者积极参加恐怖活动培训的； （3）为实施恐怖活动与境外恐怖活动组织或者人员联络的； （4）为实施恐怖活动进行策划或者其他准备的。 有上述行为，同时构成其他犯罪的，依照处罚较重的规定定罪处罚。

考点 33 破坏电力设备罪

概念	本罪是指故意破坏电力设备，危害公共安全的行为。

行为对象	电力设备，包括发电设备、变电设备与电力线路设备等。电力设备必须是处于运行、应急等使用中的电力设备，包括已经通电使用，只是由于枯水季节或电力不足等原因暂停使用的电力设备，以及已经交付使用但尚未通电的电力设备；但不包括尚未安装完毕，或者已经安装完毕但尚未交付使用的电力设备。
行为方式	既可以是作为，也可以是不作为；既可以是物理性破坏，也可以是功能性破坏。
主观方面	故意。
注意	(1) 采用放火、爆炸等方法破坏电力设备危害公共安全，同时构成本罪与放火罪、爆炸罪等犯罪的，依照处罚较重的规定定罪处罚。 (2) 破坏电力设备，没有危害公共安全的，如破坏已经安装完毕但尚未交付使用的电力设备的，不构成本罪，已达故意毁坏财物罪的追诉标准的，应以故意毁坏财物罪论处。 (3) 盗窃电力设备，危害公共安全，但不构成盗窃罪的，以破坏电力设备罪定罪处罚；同时构成盗窃罪和破坏电力设备罪的，依照处罚较重的规定定罪处罚。

【专题练习】

要点提炼

1. 关于危害公共安全罪的认定，下列哪一选项是正确的?

A. 猎户甲合法持有猎枪，猎枪被盗后没有及时报告，造成严重后果。甲构成丢失枪支不报罪

B. 乙故意破坏旅游景点的缆车的关键设备，致数名游客从空中摔下。乙构成破坏交通设施罪

C. 丙吸毒后驾车将行人撞成重伤（负主要责任），但毫无觉察，驾车离去。丙构成交通肇事罪

D. 丁被空姐告知"不得打开安全门"，仍拧开安全门，致飞机不能正点起飞。丁构成破坏交通工具罪

2. 乙成立恐怖组织并开展培训活动，甲为其提供资助。受培训的丙、丁为实施恐怖活动准备凶器。因案件被及时侦破，乙、丙、丁未能实施恐怖活动。关于本案，下列哪些选项是正确的?

A. 甲构成帮助恐怖活动罪，不再适用《刑法》总则关于从犯的规定

B. 乙构成组织、领导恐怖组织罪

C. 丙、丁构成准备实施恐怖活动罪

D. 对丙、丁定罪量刑时，不再适用《刑法》总则关于预备犯的规定

3. 下列哪一行为应以危险驾驶罪论处？

A. 醉酒驾驶机动车，误将红灯看成绿灯，撞死 2 名行人

B. 吸毒后驾驶机动车，未造成人员伤亡，但危及交通安全

C. 在驾驶汽车前吃了大量荔枝，被交警以呼气式酒精检测仪测试到酒精含量达到醉酒程度

D. 将汽车误停在大型商场地下固定卸货车位，后在醉酒时将汽车从地下三层开到地下一层的停车位

4. 乙（15 周岁）在乡村公路驾驶机动车时过失将吴某撞成重伤。乙正要下车救人，坐在车上的甲（乙父）说："别下车！前面来了许多村民，下车会有麻烦。"乙便驾车逃走，吴某因流血过多而亡。关于本案，下列哪一选项是正确的？

A. 因乙不成立交通肇事罪，甲也不成立交通肇事罪

B. 对甲应按交通肇事罪的间接正犯论处

C. 根据司法实践，对甲应以交通肇事罪论处

D. 根据刑法规定，甲、乙均不成立犯罪

5. 某施工工地升降机操作工刘某未注意下方有人即按启动按钮，造成维修工张某当场被挤压身亡。刘某报告事故时隐瞒了自己按下启动按钮的事实。关于刘某行为的定性，下列哪一选项是正确的？

A.（间接）故意杀人罪　　　　B. 过失致人死亡罪

C. 谎报安全事故罪　　　　　　D. 重大责任事故罪

【专题练习答案及解析】

1. C。丢失枪支不报罪的行为主体只能是依法配备公务用枪的人员。甲没有公务人员身份，不构成丢失枪支不报罪。A 错误。破坏交通设施罪的对象是关涉公共安全的交通设施，主要是指破坏轨道、桥梁、隧道、公路、机场、航道、灯塔、标志或者进行其他破坏活动，足以使火车、汽车、电车、船只、航空器发生倾覆、毁坏危险的行为，而旅游景点的缆车不属于关涉公共安全的交通设施。B 错误。吸食毒品后驾驶机动车致 1 人以上重伤的，以交通肇事罪定罪处罚。丙的行为构成交通肇事罪。C 正确。破坏交通工具罪是指破坏火车、汽车、电车、船只、航空器，足以使火车、汽车、电车、船只、航空器发生倾覆、毁坏危险的行为。丁不顾劝阻控开飞机安全门致使飞机不能起飞的行为不足以使飞机发生倾覆或毁坏的危险。D 错误。

2. ABCD。恐怖活动是指以制造社会恐慌、危害公共安全或者胁迫国家机关、国际组织为目的，采取暴力、破坏、恐吓等手段，造成或者意图造成人员伤亡、重大财产损失、公共设施损坏、社会秩序混乱等严重社会危害，以及煽动、资助或者以其他方式协助实施上述活动的行为。《刑法修正案（九）》将资助恐怖组织罪修改为帮助恐怖活动罪：一是将资助恐怖活动培训的行为增加规定为犯罪，与原条文只针对资助直接实施恐怖活动犯罪的组织和个人相比，修改后条文进一步扩大了打击恐怖活动的范围。二是明确对于恐怖活动组织、实施恐怖活动或者恐怖活动培训招募、运送人员的行为，追究刑事责任。这意味着行为人即使没有帮助具体实施恐怖活动的个人，但帮助培训恐怖活动的机构招募、运送人员，同样构成该罪，而不论该培训机构培训的人员是否实施了恐怖活动。AB 正确。《刑法修正案（九）》新增准备实施恐怖活动罪，即将为实施恐怖活动准备凶器、危险物品或者其他工具，组织恐怖活动培训或者积极参加恐怖活动培训，为实施恐怖活动与境外恐怖活动组织或者人员联系，以及为实施恐怖活动进行策划或者其他准备等行为明确规定为犯罪。这些行为在修订前可依据共同犯罪理论以预备犯论处，修订后则应直接以本罪论处。根据客观方面表现不同，本罪包含四种类型：准备犯罪工具型；培训型，包括培训者与被培训者；与境外联络型；策划型。本罪属于行为犯，不要求有后果或情节。CD 正确。

3. D。《刑法》第 133 条之一规定："在道路上驾驶机动车，有下列情形之一的，处拘役，并处罚金：（一）追逐竞驶，情节恶劣的；（二）醉酒驾驶机动车的；（三）从事校车业务或者旅客运输，严重超过额定乘员载客，或者严重超过规定时速行驶的；（四）违反危险化学品安全管理规定运输危险化学品，危及公共安全的。机动车所有人、管理人对前款第三项、第四项行为负有直接责任的，依照前款的规定处罚。有前两款行为，同时构成其他犯罪的，依照处罚较重的规定定罪处罚。"A 中，醉酒驾驶机动车，误将红灯看成绿灯，撞死 2 名行人的行为同时构成交通肇事罪和危险驾驶罪，应以交通肇事罪定罪处罚。A 不当选。B 中，吸毒后驾驶机动车属于"毒驾"，根据目前法律规定不构成危险驾驶罪。B 不当选。驾驶汽车前吃了大量荔枝，主观上没有危险驾驶的故意，尽管被交警以呼气式酒精检测仪测试到酒精含量达到醉酒程度，但根据主客观相一致的刑法原则，也不应认定为危险驾驶罪。C 不当选。《最高人民法院、最高人民检察院、公安部关于办理醉酒驾驶机动车刑事案件适用法律若干问题的意见》和《道路交通安全法》的相关规定，对于机关、企事业单位、厂矿、校园、住宅小区等单位管辖范围内的路段、停车场，若相关单位允许社会机动车通行的，亦属于"道路"范围，在这些地方醉酒驾驶机动车的，构成危险驾驶罪。因此 D 当选。

4. C。交通肇事罪是指违反交通运输管理法规，因而发生重大事故，致人重伤、死亡或者使公私财产遭受重大损失的行为。《最高人民法院关于审理交通肇事刑事案件具体应用法律若干问题的解释》第 5 条第 2 款规定，交通肇事后，单位主管人员、机动车辆所有人、承包人或者乘车人指使肇事人逃逸，致使被害人因得不到救助而死亡的，以交通肇事罪的共犯论处。本案中甲的行为就属于这一情形。依照该司法解释规定应当认定甲构成交通肇事罪的共犯。按照刑法理论，交通肇事罪作为一种过失犯罪，不能成立共同犯罪。这一司法解释一般被视为对刑法理论的突破。故 C 正确，ABD 错误。

5. D。《刑法》第 134 条规定，重大责任事故罪是指在生产、作业中违反有关安全管理的规定，因而发生重大伤亡事故或者造成其他严重后果。本案中，刘某未注意下方有人即按启动按钮，属于违反安全管理规定的行为，维修工张某当场被挤压身亡属于重大伤亡事故。因此，刘某的行为构成重大责任事故罪。D 正确。本案中，刘某是因为没有注意下方有人才造成张某的死亡，可见其主观上并没有认为其行为可能会造成张某的死亡，也就无从说起放任，其主观罪过应当是过失而非故意，因此 A 错误。虽然刘某的行为也构成过失致人死亡罪，但是由于过失致人死亡罪与重大责任事故罪是法条竞合的关系，根据特别法条（重大责任事故罪）优于普通法条（过失致人死亡罪）的原则，刘某的行为应当以重大责任事故罪论处，因此 B 错误。根据《刑法》第 139 条之一规定，不报、谎报安全事故罪是指在安全事故发生后，负有报告职责的人员不报或者谎报事故情况，贻误事故抢救，情节严重的行为。本案中，刘某报告事故时虽然隐瞒了自己按下启动按钮的事实，但是这一谎报行为并没有贻误事故抢救，该隐瞒行为与张某的死亡间也不存在因果关系，因此，刘某的行为不构成谎报安全事故罪，C 错误。

专题十　破坏社会主义市场经济秩序罪

考点 34　生产、销售伪劣商品罪

	罪名	要件标准	备注
	生产、销售伪劣产品罪	销售金额在 5 万元以上	（1）生产、销售伪劣商品罪，主体可以是个人，也可以是单位（实行双罚制）；（2）生产、销售具体产品，不构成具体的产品犯罪，但是销售金额在 5 万元以上，构成生产、销售伪劣产品罪；（3）生产、销售具体产品，构成具体的产品犯罪，同时销售金额又在 5 万元以上，构成生产、销售伪劣产品罪的，依照处罚较重的规定定罪处罚；（4）生产、销售不符合食品安全标准的食品，有毒、有害食品，符合《刑法》第 143 条、第 144 条规定的，以生产、销售不符合安全标准的食品罪或者生产、销售有毒、有害食品罪定罪处罚。同时构成其他犯罪的，依照处罚较重的规定定罪处罚；（5）生产、销售不符合食品安全标准的食品，无证据证明足以造成严重食物中毒事故或者其他严重食源性疾病，不构成
危险犯	生产、销售不符合安全标准的食品罪	不以危害结果为要件，足以造成严重食物中毒事故或者其他严重食源性疾病即可	
	生产、销售不符合标准的医用器材罪	不以危害结果为要件，足以严重危害人体健康即可	
	妨害药品管理罪①	不以危害结果为要件，足以严重危害人体健康即可	
实害犯	生产、销售不符合卫生标准的化妆品罪	以造成严重后果为要件	
	生产、销售不符合安全标准的产品罪	以造成严重后果为要件	
	生产、销售伪劣农药、兽药、化肥、种子罪	以使生产遭受较大损失为要件	
	生产、销售、提供劣药罪	以对人体健康造成严重危害为要件	

　　① 妨害药品管理罪是指违反药品管理法规，实施下列行为之一，足以严重危害人体健康：（1）生产、销售国务院药品监督管理部门禁止使用的药品的；（2）未取得药品相关批准证明文件生产、进口药品或者明知是上述药品而销售的；（3）药品申请注册中提供虚假的证明、数据、资料、样品或者采取其他欺骗手段的；（4）编造生产、检验记录的。有妨害药品管理行为，同时构成其他犯罪的，依照处罚较重的规定定罪处罚。

续表

	罪名	要件标准	备注
行为犯	生产、销售、提供假药罪	只要有生产、销售假药行为即可	生产、销售不符合安全标准的食品罪，但是构成生产、销售伪劣产品罪等其他犯罪的，依照该其他犯罪定罪处罚。
	生产、销售有毒、有害食品罪	有生产、销售有毒、有害食品行为即可	

考点 35　走私罪

（一）罪名

走私普通货物、物品罪	（1）走私对象：是除 9 种特殊走私犯罪以及走私毒品罪以外的货物、物品。 （2）客观行为：逃避海关监管，走私国家普通货物、物品进出境的行为。
走私武器、弹药罪	走私对象为武器、弹药。 （1）走私的是能够使用的弹头、弹壳的，成立走私弹药罪。 （2）走私的是报废或无法使用的弹头、弹壳且不属于废物的，成立走私普通货物、物品罪。 （3）走私的是被鉴定为废物的弹头、弹壳的，成立走私废物罪。
走私假币罪	走私的对象是伪造的货币，包括在境外正在流通的所有货币，不管在我国境内能否流通或者兑换。
走私文物罪和走私贵重金属罪	（1）两个罪的行为方式仅限于：从境内走私至境外。 （2）如果将文物或者贵重金属从境外走私入境，成立走私普通货物、物品罪。
走私国家禁止进出口的货物、物品罪	（1）走私管制刀具、仿真枪支、变造的货币、旧机动车、旧切割机、旧机电产品的，成立走私国家禁止进出口的货物、物品罪。 （2）运动员、运动员辅助人员走私兴奋剂目录所列物质，或者其他人员以在体育竞赛中非法使用为目的走私兴奋剂目录所列物质，涉案物质属于国家禁止进出口的货物、物品，具有下列情形之一的，应当依照《刑法》第 151 条第 3 款的规定，以走私国家禁止进出口的货物、物品罪定罪处罚：①1 年内曾因走私被给予 2 次以上行政处罚后又走私的；②用于或者准备用于未成年人运动员、残疾人运动员的；③用于或者准备用于国内、国际重大体育竞赛的；④其他造成严重恶劣社会影响的情形。
走私淫秽物品罪	（1）行为对象：淫秽物品。"淫秽物品"属于规范的构成要件要素。 （2）主观罪过：责任要素除故意外，还要求以牟利或者传播为目的。 注意：牟利、传播两目的不要求同时具备，只要具备其一即可。是否实现该目的在所不问。

（二）罪数问题

1. 以暴力、威胁方法抗拒缉私的，以走私罪和妨害公务罪数罪并罚。

2. 在一次走私活动中，走私多种对象的，不属于想象竞合犯，应数罪并罚。

《最高人民法院、最高人民检察院关于办理走私刑事案件适用法律若干问题的解释》第 22 条规定，在走私的货物、物品中藏匿武器、弹药、文物、废物等货物、物品，构成犯罪的，以实际走私的货物、物品定罪处罚；构成数罪的，实行数罪并罚。

3. 走私武器、弹药的行为，同时触犯非法运输、邮寄、储存枪支、弹药罪的，不再认定为非法运输、邮寄、储存枪支、弹药罪。

4. 非法买卖枪支、弹药罪与走私武器、弹药罪属于吸收犯（前行为是后行为的必然经过），按照重罪走私武器、弹药罪定罪处罚。

5. 走私武器、弹药进境后又非法出售武器、弹药的，应另成立非法买卖枪支、弹药罪，数罪并罚。

6. 客观上走私了武器，行为人误以为走私的是弹药的，由于属于同一犯罪构成内的认识错误，不影响走私武器罪（既遂）的成立。

7. 从境外走私淫秽物品，然后在境内贩卖、传播走私进境的淫秽物品的，应当实行数罪并罚。

考点 36　妨害对公司、企业的管理秩序罪

非国家工作人员受贿罪	主体	公司、企业或者其他单位的工作人员，包括国有公司、企业以及其他国有单位中的非国家工作人员。
		"其他单位"，包括事业单位（学校、医院等）、社会团体、村民委员会、居民委员会、村民小组等常设性的组织，也包括为组织体育赛事、文艺演出或者其他正当活动而成立的组委会、筹委会、工程承包队等非常设性的组织。
	行为	客观方面表现为利用职务上的便利，索取他人财物或者非法收受他人财物，为他人谋取利益，数额较大的行为。 （1）必须利用职务上的便利，即他人有求于行为人的职务行为时，行为人以职务行为或允诺职务行为作为条件，实施受贿行为。 （2）必须索取或者非法收受他人财物，并且数额较大。这里的财物应包括有形财物、无形财物及财产性利益。"数额较大"是指数额在 3 万元以上。 （3）无论是索取他人财物还是收受他人财物，都必须为他人谋取利益。但不要求行为人实际上为他人谋取了利益。 （4）公司、企业或者其他单位的工作人员在经济往来中，违反国家规定，收受各种名义的回扣、手续费，归个人所有的，成立本罪。
	主观	故意，过失不可能构成本罪。
	与受贿罪主体不同	国有公司、企业或者其他国有单位中从事公务的人员，以及其他国家工作人员利用职务上的便利索取、收受财物的，不成立本罪，构成受贿罪。

非国家工作人员受贿罪	《最高人民法院、最高人民检察院关于办理商业贿赂刑事案件适用法律若干问题的意见》规定，成立本罪的情形有： (1) 医疗机构中的非国家工作人员，在药品、医疗器械、医用卫生材料等医药产品采购活动中，利用职务上的便利，索取销售方财物，或者非法收受销售方财物，为销售方谋取利益，数额较大的。 (2) 医疗机构中的医务人员，利用开处方的职务便利，以各种名义非法收受药品、医疗器械、医用卫生材料等医药产品销售方财物，为医药产品销售方谋取利益，数额较大的。 (3) 学校及其他教育机构中的非国家工作人员，在教材、教具、校服或者其他物品的采购等活动中，利用职务上的便利，索取销售方财物，或者非法收受销售方财物，为销售方谋取利益，数额较大的。 (4) 学校及其他教育机构中的教师，利用教学活动的职务便利，以各种名义非法收受教材、教具、校服或者其他物品销售方财物，为教材、教具、校服或者其他物品销售方谋取利益，数额较大的。 (5) 依法组建的评标委员会、竞争性谈判采购中谈判小组、询价采购中询价小组的组成人员，在招标、政府采购等事项的评标或者采购活动中，索取他人财物或者非法收受他人财物，为他人谋取利益，数额较大的。	
对非国家工作人员行贿罪	主体	自然人、单位。
	行为	给予公司、企业或者其他单位的工作人员以财物，数额较大。
		这里的公司、企业或者其他单位的工作人员不包括外国公职人员或者国际公共组织的官员，否则构成对外国公职人员、国际公共组织官员行贿罪。
	主观	故意，且为了谋取不正当利益。

考点 37　破坏金融管理秩序罪

（一）伪造货币罪、变造货币罪

伪造货币罪	制造外观上足以使一般人误认为是真货币的假币的行为。 (1) 伪造：从无到有，使非属于此种货币的材料取得此种货币的形式。 (2) 伪造货币不要求有真实对应的真币，但要求足以使一般人相信是真币。 (3) 故意伪造"错版"人民币的，也应认定为伪造货币。 (4) 货币只包括正在流通的货币，包括外国正在流通的货币（外国货币不要求在境内可与人民币兑换）、硬币与纸币、普通纪念币、贵金属纪念币。 (5)《最高人民法院关于审理伪造货币等案件具体应用法律若干问题的解释（二）》规定，伪造停止流通的货币并使用的，以诈骗罪论处。如果仅伪造而没有使用，属于诈骗罪的预备行为。

变造货币罪	没有货币发行、制作权的人对真正的货币进行加工，改变其面值、图案、真实形状等，数额较大的行为。 （1）变造：加工改造，使同一种真实货币改变数额、数量。 （2）变造货币，是指对真货币采用剪贴、挖补、揭层、涂改、移位、重印等方法加工处理，改变真币形态、价值的行为。《最高人民法院关于审理伪造货币等案件具体应用法律若干问题的解释（二）》规定，同时采用伪造和变造的手段，拼凑假币的行为（一半真币一半假币对接的行为），以伪造货币论。 （3）变造是对真货币的加工行为，故变造的货币与变造前的货币具有同一性，如果加工的程度导致其与真货币丧失同一性，则属于伪造货币。

（二）其他罪名

出售、购买、运输假币罪	明知是伪造的货币而出售、购买、运输，数额较大的行为。 （1）伪造货币并出售或者运输伪造的货币的，以伪造货币罪从重处罚，不另成立出售、运输假币罪。但这仅限于行为人出售、运输自己伪造的假币的情形。 （2）如果行为人不仅伪造货币，而且出售或者运输他人伪造的货币，即伪造的假币与出售、运输的假币不具有同一性时，则应当实行数罪并罚。 （3）直接向走私人收购假币，定走私假币罪，而非购买假币罪。在境内收购、运输、贩卖走私来的假币，定走私假币罪，而非出售、购买、运输假币罪。
持有、使用假币罪	明知是伪造的货币而持有、使用，数额较大的行为。 兑换行为、存入行为属于使用行为，使用是将货币直接置于流通之中。
高利转贷罪	以转贷牟利为目的，套取金融机构信贷资金再高利转贷给他人，违法所得数额较大的行为。 （1）转贷牟利的目的，要求行为人在获取金融机构信贷资金之时就具有。 （2）本罪不是必须具有欺骗性质。 （3）变相的高利转贷（同样成立本罪）：①行为人以转贷牟利目的套取金融机构信贷资金后，表面上将该部分资金用于生产经营，但将自有资金高利借贷他人，违法所得数额较大的，应认定为本罪。②行为人以转贷牟利目的套取金融机构的信贷资金，高利借贷给名义上有合资合作关系但实际上并不参与经营的企业，违法所得数额较大的，也应认定为本罪。

非法吸收公众存款罪	非法吸收公众存款或者变相吸收公众存款，扰乱金融秩序的行为。 （1）行为方式：满足下列四项条件，属于非法吸收公众存款：①未经有关部门依法批准或者借用合法经营的形式吸收资金。②通过媒体、推介会、传单、手机短信等途径向社会公开宣传。③承诺在一定期限内以货币、实物、股权等方式还本付息或者给付回报。④向社会公众即社会不特定对象吸收资金。 （2）行为对象：公众存款，这是指吸收多数人或者不特定人（包括单位）的存款。 （3）从宽处罚：犯非法吸收公众存款罪，在提起公诉前积极退赃退赔，减少损害结果发生的，可以从轻或减轻处罚。
洗钱罪	掩饰、隐瞒、协助转移上游犯罪所得或犯罪收益的行为（包括"自洗"）。 （1）上游七类犯罪：毒品犯罪、黑社会性质的组织犯罪、恐怖活动犯罪、走私犯罪、贪污贿赂犯罪、破坏金融管理秩序犯罪、金融诈骗犯罪。 （2）具体行为方式：①提供资金账户；②将财产转换为现金、金融票据、有价证券；③通过转账或者其他支付结算方式转移资金；④跨境转移资产；⑤以其他方法掩饰、隐瞒犯罪所得及其收益的来源和性质。
妨害信用卡管理罪	本罪有四种行为方式： （1）明知是伪造的信用卡而持有、运输的，或者明知是伪造的空白信用卡而持有、运输，数量较大的。 （2）非法持有他人信用卡，数量较大的。 （3）使用虚假的身份证明骗领信用卡的。 （4）出售、购买、为他人提供伪造的信用卡或者以虚假的身份证明骗领信用卡的。 使用虚假的身份证明骗领信用卡，构成本罪，又实施了信用卡诈骗罪，属于牵连犯，择一重罪论处。

考点 38　金融诈骗罪

罪名	概念	备注
集资诈骗罪	使用诈骗方法向公众募集资金数额较大的行为。	有以下情况，可以认定为"以非法占有为目的"： （1）集资后不用于生产经营或用于生产经营与筹集资金规模明显不成比例，致使集资款不能返还的；

		（2）肆意挥霍集资款，致使集资款不能返还的； （3）携带集资款逃匿的； （4）将集资款用于违法犯罪活动的； （5）抽逃、转移资金、隐匿财产、逃避返还资金的； （6）隐匿、销毁账目，或搞假破产、假倒闭，逃避返还资金的； （7）拒不交代资金去向，逃避返还资金的。
贷款诈骗罪	使用欺骗方法骗取银行、其他金融机构贷款数额较大的行为。	（1）金融机构工作人员利用职务之便，使用欺诈方法骗取本机构贷款归个人所有的，宜认定为贪污罪或职务侵占罪。 （2）本罪主体只能是自然人。
票据诈骗罪	进行金融票据诈骗活动，数额较大的行为。	行为方式：使用伪造、变造票据；使用作废票据；冒用他人票据；签发空头支票或与其预留印鉴不符的支票；签发无资金保证的票据、出票时作虚假记载。
信用证诈骗罪	采用各种方法进行信用证诈骗活动的行为。	行为方式：使用伪造、变造的信用证及其附随单据；使用作废的信用证；骗取信用证；其他。
信用卡诈骗罪	进行信用卡诈骗活动，数额较大的行为。	（1）行为方式：使用伪造的信用卡；使用以虚假身份证明骗取的信用卡；使用作废的信用卡；冒用他人的信用卡；恶意透支。 （2）盗窃并使用信用卡的，定盗窃罪。 （3）经发卡银行两次有效催收，3个月内仍不归还欠款，数额达到50000元的，为恶意透支。恶意透支的数额，是指公安机关刑事立案时尚未归还的实际透支的本金数额，不包括利息、复利、滞纳金、手续费等发卡银行收取的费用。归还或者支付的数额，应当认定为归还实际透支的本金。 （4）主体只能是自然人。
有价证券诈骗罪	使用伪造、变造的国库券或其他国家发行的有价证券进行诈骗活动，数额较大的行为。	主体只能是自然人。

保险诈骗罪	采取虚构保险标的、编造保险事故、制造保险事故等方法骗取保险金，数额较大的行为。	主体为：投保人、被保险人、受益人。 保险事故的鉴定人、证明人、财产评估人故意提供虚假证明文件，为他人诈骗提供条件的，以共犯论。 保险公司职员利用职务之便从事诈骗行为的，定职务侵占罪或贪污罪。 若有《刑法》第 198 条第 1 款第 4、5 项规定的行为，同时构成其他独立犯罪的，数罪并罚。

考点 39　危害税收征管罪

逃税罪	行为主体	纳税人与扣缴义务人（身份犯）。
	行为方式	（1）采取欺骗、隐瞒手段进行虚假纳税申报。 （2）不申报。 （3）根据《刑法》第 204 条的规定，缴纳税款后，以假报出口或者其他欺骗手段，骗取所缴纳的税款，符合其他要件的，也成立逃税罪。
	数额要求	（1）纳税人成立本罪要求逃税数额较大并且占应纳税额 10% 以上。 （2）扣缴义务人构成逃税罪的，只要求数额较大，不要求占 10% 以上。
	阻却事由	（1）任何逃税案件，首先必须经过税务机关的处理。税务机关没有处理或者不处理的，司法机关不得直接追究行为人的刑事责任。 （2）如果税务机关只要求行为人补缴应纳税款，缴纳滞纳金，而没有给予行政处罚的，只要行为人补缴应纳税款和缴纳滞纳金，就不应追究刑事责任。 （3）只有当行为人超过了税务机关的规定期限而不接受处理，司法机关才能追究刑事责任。 （4）但书所规定的"二次以上行政处罚"中的"二次"是指因逃税受到行政处罚后又逃税而再次被给予行政处罚，即已经受到二次行政处罚，第三次再逃税的，才否定处罚阻却事由的成立。
抗税罪		（1）行为主体：纳税人和扣缴义务人，且仅限于自然人，不包括单位。 （2）本罪是作为与不作为相结合的犯罪。 注意：实施抗税行为致人重伤、死亡，构成故意伤害罪、故意杀人罪的，属于想象竞合犯。

骗取出口退税罪	(1) 本罪只有在没有缴纳税款的情况下才可能成立。 (2)《最高人民法院关于审理骗取出口退税刑事案件具体应用法律若干问题的解释》规定，有进出口经营权的公司、企业，明知他人意欲骗取国家出口退税款，仍违反国家有关进出口经营的规定，允许他人自带客户、自带货源、自带汇票并自行报关，骗取国家出口退税款的，以本罪论处。

考点 40　侵犯知识产权罪

侵犯商业秘密罪	(1) 行为对象：商业秘密，是指不为公众所知悉，能为权利人带来经济利益，具有实用性并经权利人采取保密措施的技术信息和经营信息。 (2) 行为方式：①以盗窃、贿赂、欺诈、胁迫、电子侵入或者其他不正当手段获取权利人的商业秘密的。②披露、使用或者允许他人使用以前项手段获取的权利人的商业秘密的。③违反保密义务或者违反权利人有关保守商业秘密的要求，披露、使用或者允许他人使用其所掌握的商业秘密的。④明知或应知前述第一种至第三种违法行为，而获取、披露、使用或者允许他人使用该商业秘密。
为境外窃取、刺探、收买、非法提供商业秘密罪	本罪是指为境外的机构、组织、人员窃取、刺探、收买、非法提供商业秘密的行为。行为人采取窃取、刺探、收买方式获取商业秘密的，本罪与侵犯商业秘密罪存在竞合。

考点 41　扰乱市场秩序罪

合同诈骗罪	本罪是指以非法占有为目的，在签订、履行合同过程中，骗取对方当事人财物，数额较大的行为。具体包括： (1) 以虚构的单位或者冒用他人名义签订合同。 (2) 以伪造、变造、作废的票据或者其他虚假的产权证明作担保。 (3) 没有实际履行能力，以先履行小额合同或者部分履行合同的方法，诱骗对方当事人继续签订和履行合同。 (4) 收受对方当事人给付的货物、货款、预付款或者担保财产后逃匿。 (5) 以其他方法骗取对方当事人财物。

非法经营罪	本罪是指自然人或者单位，违反国家规定，故意从事非法经营活动，扰乱市场秩序，情节严重的行为。根据法律及司法解释规定，本罪具有以下行为类型： （1）未经许可经营法律、行政法规规定的专营、专卖物品或者其他限制买卖的物品（如烟草等）。 （2）买卖进出口许可证、进出口原产地证明以及其他法律、行政法规规定的经营许可证或者批准文件的。 （3）未经国家有关主管部门批准，非法经营证券、期货、保险业务的，或者非法从事资金支付结算业务的。 （4）其他严重扰乱市场秩序的非法经营行为。具体包括：①非法买卖外汇；②经营非法出版物；③非法经营国际电信业务；④传染病疫情期间哄抬物价；⑤非法经营彩票；⑥POS机套现；⑦擅自从事互联网上网服务经营活动；⑧非法经营违禁的非食品原料或者违禁的农药、兽药，饲料、饲料添加剂（原料）；⑨私设生猪屠宰厂（场），从事生猪屠宰、销售等经营活动。⑩擅自发行基金份额募集基金；⑪以提供给他人开设赌场为目的，非法生产具有赌博功能的电子游戏设备或者专用软件；⑫出于医疗目的，非法贩卖国家管制的使人成瘾的麻醉药品和精神药品；⑬以营利为目的，通过电信网络提供删除信息服务或者有偿提供发布虚假信息服务。
强迫交易罪	本罪是指自然人或者单位，以暴力、胁迫手段强买强卖商品，强迫他人提供或者接受服务，强迫他人参与或者退出特定的经营活动，情节严重的行为。 （1）从事正常商品买卖、交易或者劳动服务的人，以暴力、胁迫手段迫使他人交出与合理价钱、费用相差不大钱物，情节严重的，以强迫交易罪定罪处罚。 （2）以非法占有为目的，以买卖、交易、服务为幌子，采用暴力、胁迫手段迫使他人交出与合理价钱、费用相差悬殊的钱物的，以抢劫罪定罪处刑。在具体认定时，既要考虑超出合理价钱、费用的绝对数额，还要考虑超出合理价钱、费用的比例。 （3）利用信息网络威胁他人，强迫交易，情节严重的，以强迫交易罪定罪处罚。

【专题练习】

要点提炼

1. 关于生产、销售伪劣商品罪，下列哪些选项是正确的？

A. 甲既生产、销售劣药，对人体健康造成严重危害，同时又生产、销售假药的，应实行数罪并罚

B. 乙为提高猪肉的瘦肉率，在饲料中添加"瘦肉精"。由于生猪本身不是食品，故乙不构成生产有毒、有害食品罪

C. 丙销售不符合安全标准的饼干，足以造成严重食物中毒事故，但销售金额仅有 500 元。对丙应以销售不符合安全标准的食品罪论处

D. 丁明知香肠不符合安全标准，足以造成严重食源性疾患，但误以为没有毒害而销售，事实上香肠中掺有有毒的非食品原料。对丁应以销售不符合安全标准的食品罪论处

2. 刘某专营散酒收售，农村小卖部为其供应对象。刘某从他人处得知某村办酒厂生产的散酒价格低廉，虽掺有少量有毒物质，但不会致命，遂大量购进并转销给多家小卖部出售，结果致许多饮用者中毒甚至双眼失明。下列哪些选项是正确的？

A. 造成饮用者中毒的直接责任人是某村办酒厂，应以生产和销售有毒、有害食品罪追究其刑事责任；刘某不清楚酒的有毒成分，可不负刑事责任

B. 对刘某应当以生产和销售有毒、有害食品罪追究刑事责任

C. 应当对构成犯罪者并处罚金或没收财产

D. 村办酒厂和刘某构成共同犯罪

3. 下列哪些行为（不考虑数量），应以走私普通货物、物品罪论处？

A. 将白银从境外走私进入中国境内

B. 走私国家禁止进出口的旧机动车

C. 走私淫秽物品，有传播目的但无牟利目的

D. 走私无法组装并使用（不属于废物）的弹头、弹壳

4. 甲本无意竞拍土地，但在得知报名参加竞拍会有人收购其竞拍资格后，就让自己的公司报名参加某市自然资源局组织的土地竞拍。甲的公司连续报名参加两次竞拍，果然有人收购其竞拍资格，获利 600 万元。第三次因无公司参与竞拍，甲自己退出了竞拍。甲的行为构成何罪？

A. 串通投标罪　　　　　　　　　　　B. 强迫交易罪

C. 非法经营罪　　　　　　　　　　　D. 非国家工作人员受贿罪

5. 关于货币犯罪，下列哪一选项是错误的？

A. 伪造货币罪中的"货币"，包括在国内流通的人民币、在国内可兑换的境外货币，以及正在流通的境外货币

B. 根据《刑法》规定，伪造货币并出售或者运输伪造的货币的，依照伪造货币罪从重处罚。据此，行为人伪造美元，并运输他人伪造的欧元的，应按伪造货币罪从重处罚

C. 将低额美元的纸币加工成高额英镑的纸币的，属于伪造货币

要点提炼

D. 对人民币真币加工处理，使 100 元面额变为 50 元面额的，属于变造货币

6. 关于洗钱罪的认定，下列哪一选项是错误的？

A. 《刑法》第一百九十一条虽未明文规定侵犯财产罪是洗钱罪的上游犯罪，但是，黑社会性质组织实施的侵犯财产罪，依然是洗钱罪的上游犯罪

B. 将上游的毒品犯罪所得误认为是贪污犯罪所得而实施洗钱行为的，不影响洗钱罪的成立

C. 上游犯罪事实上可以确认，因上游犯罪人死亡依法不能追究刑事责任的，不影响洗钱罪的认定

D. 单位贷款诈骗应以合同诈骗罪论处，合同诈骗罪不是洗钱罪的上游犯罪。为单位贷款诈骗所得实施洗钱行为的，不成立洗钱罪

7. 关于诈骗犯罪的论述，下列哪一选项是正确的（不考虑数额）？

A. 与银行工作人员相勾结，使用伪造的银行存单，骗取银行巨额存款的，只能构成票据诈骗罪，不构成金融凭证诈骗罪

B. 单位以非法占有目的骗取银行贷款的，不能以贷款诈骗罪追究单位的刑事责任，但可以该罪追究策划人员的刑事责任

C. 购买意外伤害保险，制造自己意外受重伤假象，骗取保险公司巨额保险金的，仅构成保险诈骗罪，不构成合同诈骗罪

D. 签订合同时并无非法占有目的，履行合同过程中才产生非法占有目的，后收受被害人货款逃匿的，不构成合同诈骗罪

8. 甲系外贸公司总经理，在公司会议上拍板：为物尽其用，将公司以来料加工方式申报进口的原材料剩料在境内销售。该行为未经海关许可，应缴税款 90 万元，公司亦未补缴。关于本案，下列哪一选项是正确的？

A. 虽未经海关许可，但外贸公司擅自销售原材料剩料的行为发生在我国境内，不属于走私行为

B. 外贸公司的销售行为有利于物尽其用，从利益衡量出发，应认定存在超法规的犯罪排除事由

C. 外贸公司采取隐瞒手段不进行纳税申报，逃避缴纳税款数额较大且占应纳税额的 10%以上，构成逃税罪

D. 如海关下达补缴通知后，外贸公司补缴应纳税款，缴纳滞纳金，接受行政处罚，则不再追究外贸公司的刑事责任

9. 关于破坏社会主义市场经济秩序罪的认定，下列哪一选项是错误的？

A. 采用运输方式将大量假币运到国外的，应以走私假币罪定罪量刑

B. 以暴力、胁迫手段强迫他人借贷，情节严重的，触犯强迫交易罪

C. 未经批准，擅自发行、销售彩票的，应以非法经营罪定罪处罚

D. 为项目筹集资金，向亲戚宣称有高息理财产品，以委托理财方式吸收 10 名亲戚 300 万元资金的，构成非法吸收公众存款罪

【专题练习答案及解析】

1. ACD。甲生产、销售劣药，对人体健康造成严重危害，构成生产、销售劣药罪，同时又生产、销售假药，构成生产、销售假药罪，数罪并罚。A 正确。乙在饲料中添加瘦肉精，按照有关司法解释和刑法理论已构成生产、销售有毒、有害食品罪。B 错误。丙销售不符合安全标准的食品，足以造成严重食物中毒事故，已构成销售不符合安全标准的食品罪。由于销售金额很小，不构成生产、销售伪劣产品罪。C 正确。丁对于香肠中掺有有毒的非食品原料并不知情，主观上没有销售有毒、有害食品罪的犯罪故意，因此仅构成销售不符合安全标准的食品罪。D 正确。

2. BC。本案中刘某明知某村办酒厂生产的掺少量有毒物质，仍然购进并销售，已经构成生产、销售有毒、有害食品罪。本罪的成立不要求刘某明知悉酒的有毒成分，故 A 错误，B 正确。根据《刑法》第 144 条、第 150 条，刘某从某村办酒厂大量购进有毒的酒并转销给多家小卖部出售，结果致许多饮用者中毒甚至双眼失明，属于严重残疾，应认定为"对人体健康造成特别严重危害"，属于"有其他特别严重情节"，因而对于犯罪者应当并处罚金或者没收财产。因而 C 正确。根据共同犯罪理论，某村办酒厂和刘某不成立共同犯罪。D 错误。所以正确答案是 BC。

3. AD。根据《刑法》第 151 条规定，白银只是被禁止出口，因而将白银从境外走私进入中国境内的，应以走私普通货物、物品罪论处，所以 A 正确；《最高人民法院、最高人民检察院关于办理走私刑事案件适用法律若干问题的解释》第 11 条第 1 款第 6 项规定，走私国家禁止进出口的旧机动车的行为构成走私国家禁止出口的货物、物品罪，因此 B 错误；C 中的淫秽物品法律有明确的规定，不属于普通货物、物品，因此不应选；《最高人民法院、最高人民检察院关于办理走私刑事案件适用法律若干问题的解释》第 4 条第 2 款规定，走私报废或者无法组装并使用的各种弹药的弹头、弹壳，构成犯罪的，以走私普通货物、物品罪定罪处罚，因此 D 正确。

4. D。投标与拍卖是性质不同的事项。若将拍卖解释为投标，属于类推解释。本案是对土地的竞拍，是拍卖活动，对串通拍卖不能定串通投标罪。A 错误。根据《刑法》第 226 条的规定，强迫他人退出投标、拍卖活动，可定强迫交易罪。但是本题中，甲和收购者之间不存在强迫，而是自愿买卖，因此双方均不构成强迫交易罪。B 错误。串通拍卖不属于非法经营，不能对串通拍卖行为定非法经营罪。C 错误。根据《刑法》第 163 条的规定，非国家工作人员受贿罪是指公司、企业或者其他单位的工作人员，利用职务上的便利，索取他人财物或者非法收受他人财物，为他人谋取利益，数额较大的行为。"为他人谋取利益"，既包括正当利益，也包括不正当利益；只要求许诺为他人谋取利益，不要求实际上为他人谋取了利益。这一点与受贿罪相同。本题中，甲收受费用，出售竞拍资格，使得收购人增加竞拍成功概率，其行为符合非国家工作人员受贿罪的构成要件。D 正确。

5. B。《最高人民法院关于审理伪造货币等案件具体应用法律若干问题的解释》第 7 条规定，本解释所称"货币"是指可在国内市场流通或者兑换的人民币和境外货币。因此，A 正确。"伪造货币"是仿照真货币的图案、形状、色彩等特征非法制造假币，冒充真币的行为；"变造货币"是对真货币采用剪贴、挖补、揭层、涂改、移位等方法加工处理，改变真币形态、价值的行为。如果对真货币加工的程度导致其与真货币丧失同一性，则认定为伪造货币。C 中将美元的纸币加工成高额英镑的纸币，已经使真货币丧失同一性，应属于伪造货币，所以 C 正确。D 中对真币进行处理，虽然面额变小，但是仍属于变造货币，因此 D 正确。《刑法》第 171 条第 3 款规定，伪造货币并出售或者运输伪造的货币的，依照伪造货币罪从重处罚。但该规定是指本人伪造货币后出售或运输本人伪造的货币，按照伪造货币罪从重处罚，而 B 中是本人伪造美元，运输他人伪造的欧元，触犯两个罪名，应当数罪并罚，不适用于该款规定，因此 B 错误。综上，本题的正确答案为 B。

6. D。黑社会性质组织犯罪通常会以黑社会性质组织为依托实施侵犯财产的犯罪，并以此作为经济来源，刑法将黑社会性质组织犯罪规定为洗钱犯罪的上游犯罪，也是为了达到遏制黑社会性质组织犯罪进行侵犯财产犯罪的目的，因此黑社会性质组织实施的侵犯财产罪，依然是洗钱罪的上游犯罪的说法是成立的，故 A 正确。根据《刑法》第 191 条的规定，毒品犯罪以及贪污贿赂犯罪都是洗钱罪的上游犯罪，故 B 正确。洗钱罪的行为主体是上游犯罪人以外的人，只要明知是上游犯罪的所得及其产生的收益并实施了洗钱行为即可，只要是上游犯罪事实可以确定，即使没有判决宣判也不影响洗钱罪的成立，故 C 正确。刑法没有规定单位可以成为贷款诈骗罪的行为主体，但是单位也是可以实施贷款诈骗行为的，在这种情形下，虽然不能够直接处罚单位，但是对于其中就贷款诈骗负有责任的自然人应当以贷款诈骗罪论处，因此为单位贷款诈骗所得实施洗钱行为的，应当以洗钱罪定罪处罚。故 D 错误。

7. B。票据诈骗罪中利用的金融票据主要包括银行的汇票、本票和支票。使用伪造的银行存单实施贷款诈骗的行为应成立金融凭证诈骗罪。A 错误。刑法没有将单位规定为贷款诈骗罪的主体，对于为了单位利益的贷款诈骗行为，虽然不能直接处罚单位，但对于负有责任的自然人应以贷款诈骗罪论处。B 正确。购买意外伤害保险后，制造自己意外受伤的假象骗取巨额保险金的行为，同时构成了保险诈骗罪与合同诈骗罪，应依照数罪并罚的规定处罚。C 错误。合同诈骗罪是指以非法占有为目的，在签订、履行合同的过程中，骗取对方财物，数额较大的行为。其非法占有的目的既可以产生于签订合同时，也可以产生于履行合同的过程中。D 错误。

8. C。《最高人民检察院关于擅自销售进料加工保税货物的行为法律适用问题的解释》规定，未经海关许可并且未补缴应缴税额，擅自将批准进口的进料加工的原材料、零件、制成品、设备等保税货物，在境内销售牟利，偷逃应缴税额在 5 万元以上的，以走私普通货物、物品罪追究刑事责任。AB 均错误。纳税人采取欺骗、隐瞒手段不进行纳税申报，逃避缴纳税款数额较大并且占应纳税额 10% 以上的，构成逃税罪。C 正确。经税务机关依法下达追缴通知后，补缴应纳税款，缴纳滞纳金，已受行政处罚的，不予追究刑事责任。D 错误。

9. D。走私假币罪是指走私伪造的货币的行为，将大量假币运到国外即可构成本罪，至于采取运输方式或是其他方式不影响本罪构成。A 正确。《最高人民检察院关于强迫借贷行为适用法律问题的批复》规定，以暴力、胁迫手段强迫他人借贷，属于《刑法》第 226 条第 2 项规定的"强迫他人提供或者接受服务"，情节严重的，以强迫交易罪追究刑事责任；同时构成故意伤害罪等其他犯罪的，依照处罚较重的规定定罪处罚。故 B 正确。《最高人民法院、最高人民检察院关于办理赌博刑事案件具体应用法律若干问题的解释》第 6 条规定，未经国家批准擅自发行、销售彩票，构成犯罪的，依照《刑法》第 225 条第 4 项规定，以非法经营罪定罪处罚。故 C 正确。《最高人民法院关于审理非法集资刑事案件具体应用法律若干问题的解释》第 1 条第 2 款规定，未向社会公开宣传，在亲友或者单位内部针对特定对象吸收资金的，不属于非法吸收或者变相吸收公众存款。D 中，为项目筹集资金，以委托理财方式吸收 10 名亲戚 300 万元资金的，不构成非法吸收公众存款罪。D 错误。

专题十一　侵犯公民人身权利、民主权利罪

考点 42　故意杀人罪

<table>
<tr><td rowspan="6">构成要件</td><td>行为主体</td><td>原则上为已满 14 周岁的自然人，经过特别程序可下调至已满 12 周岁。</td></tr>
<tr><td>行为对象</td><td>(1) "他人"，不包括自杀的行为。
(2) 尸体没有生命，不能成为故意杀人罪的对象。
(3) 婴儿有生命，杀死婴儿构成故意杀人罪；杀死胎儿不构成故意杀人罪。</td></tr>
<tr><td>行为性质</td><td>非法性。依法执行命令枪决罪犯、符合法定条件的正当防卫杀人等行为，阻却违法性，不构成故意杀人罪。</td></tr>
<tr><td>行为方式</td><td>(1) 作为方式杀人。例如，刀砍、斧劈、拳击、枪杀等。
(2) 不作为方式杀人。例如，母亲故意不给婴儿哺乳致其死亡等。
(3) 物理的方式。例如，刺杀、毒杀等。
(4) 心理的方式。例如，以精神冲击方法致心脏病患者死亡。</td></tr>
<tr><td>责任形式</td><td>责任为故意，即明知自己的行为会发生他人死亡的结果，并希望或放任这种结果的发生。</td></tr>
<tr><td colspan="2"></td></tr>
<tr><td rowspan="2">相约自杀</td><td>概念</td><td>二人以上相互约定自愿共同自杀的行为。</td></tr>
<tr><td>处理方式</td><td>(1) 相约双方均自杀身亡，不存在犯罪问题。
(2) 相约双方各自实施自杀行为，其中一方死亡，另一方自杀未得逞，未得逞一方也不构成犯罪。
(3) 相约自杀，其中一方杀死对方，继而自杀未得逞，成立故意杀人罪，但量刑时可以从轻处罚。
(4) 以相约自杀为幌子欺骗被害人自杀的，可成立故意杀人罪的间接正犯。</td></tr>
</table>

续表

教唆或帮助他人自杀	概念	教唆自杀是行为人故意用引诱、怂恿、欺骗等方法，使他人产生自杀意图。帮助自杀是指在他人已有自杀意图的情况下，帮助他人实现自杀意图，如给自杀者提供毒药。单纯的精神帮助不能成立故意杀人。
	处理	在确定教唆或帮助自杀是否构成故意杀人罪时，一个重要的指标就是看教唆或帮助行为与他人的死亡是否有盖然性的因果关系，也即在社会经验上，这种行为是否足以导致当事人自杀，如果存在那么就可成立故意杀人罪，否则就不成立犯罪。比如教唆或帮助不理解死亡意义的精神病人或未成年人自杀，这种教唆或帮助行为就与死亡有因果关系，它其实是一种间接正犯，成立故意杀人罪。又如组织和利用邪教组织制造、散布迷信邪说，指使、胁迫其成员或者其他人实施自杀行为的，应以故意杀人罪论处。这里要注意与《刑法》第300条规定的组织、利用会道门、邪教组织、利用迷信致人死亡罪的区别。
	并罚	在某些犯罪中，如果又实施了故意杀人行为，应该数罪并罚。比较重要的有： (1) 组织他人偷越国（边）境、运送他人偷越国（边）境过程中，对被组织人有杀害行为的。 (2) 在拐卖妇女、儿童过程中，故意杀害被害人的。 (3) 实施保险诈骗，投保人、受益人故意造成被保险人死亡的。 (4) 实施组织、领导、参加恐怖活动组织、黑社会性质组织，并实施杀人犯罪的。
	转化犯	根据《刑法》第238条、第247条、第248条、第289条、第292条的规定，对非法拘禁使用暴力致人死亡的，刑讯逼供或暴力取证致人死亡的，虐待被监管人致人死亡的，聚众"打砸抢"致人死亡的，聚众斗殴致人死亡的，应以故意杀人罪论处。

考点 43 故意伤害罪

| 构成要件 | 行为主体 | (1) 造成轻伤的，已满16周岁的自然人。
(2) 造成重伤、死亡的，原则上为已满14周岁的自然人，其中故意伤害致人死亡经过特别程序可下调至已满12周岁。 |
| | 行为对象 | 他人身体。
(1) 伤害自己身体的，不成立故意伤害罪。但是自伤行为侵犯了国家或社会法益而触犯了刑法规范时，可能构成其他犯罪。
(2) 毁坏尸体的行为、伤害胎儿身体的，不构成本罪。
(3) 伤害的程度：根据我国刑法规定，伤害结果的程度分为轻伤、重伤与伤害致死。 |

行为性质	非法性。
责任形式	责任为故意，即明知自己的行为会发生他人伤害的结果，并且希望或放任这种结果发生。
自伤	教唆、帮助有责任能力的成年人自伤的（包括轻伤、重伤），不成立故意伤害罪。
被害人承诺	（1）轻伤的承诺，有效，不成立犯罪。 （2）重伤承诺原则无效。 （3）重伤承诺例外有效：①承诺主体满18周岁；②为了保护重大法益；③出于自愿，没有受到强迫、欺骗。
故意伤害罪 vs 故意杀人罪	事实上，任何杀人既遂都必然经过了伤害过程，任何杀人未遂也必然造成了伤害结果或者具有造成伤害结果的危险性。
提示	（1）高空抛物：为伤害、杀害特定人员实施高空抛物行为的，依照故意伤害罪、故意杀人罪定罪处罚。过失导致物品从高空坠落，致人死亡、重伤，符合《刑法》第233条、第235条规定的，依照过失致人死亡罪、过失致人重伤罪定罪处罚。 （2）窨井盖：对于涉及公共安全犯罪以外的其他场所的窨井盖，明知会造成人员伤亡后果而实施盗窃、破坏行为，致人受伤或者死亡的，分别以故意伤害罪、故意杀人罪定罪处罚。

考点44　强奸罪

普通强奸	（1）客体：妇女的性自主权； （2）客观方面：违背妇女意志，采用暴力、胁迫或者其他手段，强行与妇女发生性交； （3）主体：已满14周岁，具有辨认和控制能力的自然人，通常是男子，女子可以成为强奸罪的教唆犯、帮助犯； （4）主观方面：故意。
奸淫幼女	（1）客观方面：与不满14周岁的幼女发生性关系的行为； （2）主体：已满14周岁，具有辨认和控制能力的自然人； （3）主观方面：故意，即明知奸淫对象是不满14周岁的幼女。 注意：（1）支付钱款后，与卖淫幼女性交即嫖宿幼女的，构成强奸罪。 （2）《最高人民法院、最高人民检察院、公安部、司法部关于办理性侵害未成年人刑事案件的意见》规定，知道或者应当知道对方是不满14周岁的幼女，而实施奸淫等性侵害行为的，应当认定行为人"明知"对方是幼女。对不满12周岁的被害人实施奸淫等性侵害

	行为的，应当认定行为人"明知"对方是幼女。对已满 12 周岁不满 14 周岁的被害人，从其身体发育状况、言谈举止、衣着特征、生活作息规律等观察可能是幼女，而实施奸淫等性侵害行为的，应当认定行为人"明知"对方是幼女。
加重情节	强奸罪有 6 个加重情节，可以处 10 年以上有期徒刑、无期徒刑或者死刑： （1）强奸妇女、奸淫幼女情节恶劣的。 （2）强奸妇女、奸淫幼女多人的。 （3）在公共场所当众强奸妇女、奸淫幼女的。 （4）2 人以上轮奸的。成立轮奸，必须有两人或两人以上实施奸淫行为，当然两人无需都达到刑事责任年龄。如果只有一人实施奸淫行为，不成立轮奸，可能属于普通型强奸罪的共同犯罪。如果两人试图轮奸，但未能实施奸淫行为，这不能认定为轮奸的未完成形态。 （5）奸淫不满 10 周岁的幼女或者造成幼女伤害的。 （6）致使被害人重伤、死亡或者造成其他严重后果的。 这里要注意的是，"致使被害人重伤、死亡"是指强奸行为导致被害人性器官严重损伤，或者造成其他严重伤害，甚至当场死亡或者经抢救无效死亡。对于强奸犯出于报复、灭口等动机，在实施强奸的过程中或者强奸后，杀死或伤害被害人的，应分别认定为强奸罪、故意杀人罪或故意伤害罪，实行数罪并罚。
罪数	（1）行为人先故意杀害妇女，然后再实施奸尸或者其他侮辱行为的，即使行为人在杀害妇女时具有奸尸的意图，也不认定为强奸罪，而应认定为故意杀人罪与侮辱尸体罪，实行数罪并罚。 （2）拐卖妇女的过程中强奸被拐卖的妇女的，只成立拐卖妇女罪，适用加重法定刑。 （3）强奸后迫使卖淫的，强奸罪与强迫卖淫罪并罚。 （4）收买被拐卖的妇女，然后强奸的，数罪并罚。 （5）组织、运送他人偷越国（边）境过程中强奸被害人的，数罪并罚。

考点 45 非法拘禁罪

构成要件	行为主体	（1）年满 16 周岁的自然人。 （2）国家机关工作人员是本罪的量刑身份，利用职权犯本罪，从重处罚。

构成要件	行为对象	作为行为对象的"他人"没有限制，但必须是具有身体活动自由的自然人。 （1）只要具有基于意识从事身体活动的能力即可，不要求具有刑法上的责任能力与民法上的法律行为能力，故能够行走的幼儿、精神病患者，能够依靠轮椅或者其他工具移动身体的人，均可成为本罪的对象。 （2）只要没有现实人身自由的人，均不属于本罪的对象。例如，病床上的植物人、常年卧病在床的人、深度醉酒的人。 （3）成立本罪，要求被害人认识到自己被剥夺自由的事实，但不要求认识到有人对自己实施非法拘禁罪。
	行为方式	剥夺人身自由的方法没有限制，如非法逮捕、拘留、监禁、扣押、办封闭式"学习班""隔离审查"等，均包括在内。
	主观罪过	故意，即行为人明知自己的行为会发生剥夺他人身体自由权利的结果，并希望或者放任这种结果的发生。
结果加重犯		非法拘禁罪的结果加重犯是指非法拘禁行为本身导致的重伤、死亡，仍成立非法拘禁罪。 （1）非法拘禁罪的结果加重犯情形中的"暴力"是指拘禁行为本身之内的暴力。 （2）重伤、死亡结果与非法拘禁行为之间必须具有直接的因果关系。 （3）致人重伤、死亡的结果，要求行为人是过失心态而非故意心态。

考点 46　绑架罪

构成要件	行为主体	已满 16 周岁的自然人。已满 14 周岁不满 16 周岁的人实施绑架行为，不以犯罪论处。故意杀害被绑架人的，应认定为故意杀人罪。
	行为对象	行为对象是任何他人，包括妇女、儿童和婴幼儿乃至行为人的子女或父母。
	行为方式	（1）使用暴力、胁迫或者麻醉方法劫持或以实力控制他人。 （2）对于缺乏或者丧失行动能力的被害人，采取偷盗、运送等方法使其处于行为人或第三者实力支配下的，也可能成立绑架罪。 （3）向第三人提出不法要求必须是向第三人提出，不能是向人质本人，否则就构成抢劫罪。 （4）绑架和抢劫的其他区别：绑架的取财不要求当场性，而抢劫的取财要求当场性即同一时间、同一地点。

	主观罪过	（1）具有故意，行为人对于侵害他人身体安全与行动自由的结果持希望或者放任态度。 （2）具有勒索财物或满足其他不法要求的目的。行为人出于其他目的、动机以实力支配他人后，才产生勒索财物意图进而勒索财物的即其他犯罪控制被害人的过程中才产生绑架的故意，成立绑架罪。 （3）具有勒索财物或满足其他不法要求的目的。
	罪数	（1）犯绑架罪，故意杀害被绑架人的，成立绑架罪。 （2）犯绑架罪，故意伤害绑架人，致人重伤、死亡的，成立绑架罪。 （3）绑架行为本身过失导致被绑架人重伤、死亡的，构成绑架罪与过失致人重伤罪或者过失致人死亡罪的想象竞合犯。 （4）绑架他人后，实施强奸、侮辱、猥亵、盗窃等行为，数罪并罚。 （5）在绑架过程中，因被绑架人的监护人、保护人或者其他在场人反抗等原因，行为人为排除阻碍而故意杀害、伤害上述人员的，绑架罪与故意杀人罪或者故意伤害罪并罚。 （6）绑架过程中又当场劫取被害人随身携带财物的，同时触犯绑架罪和抢劫罪两罪名，应择一重罪定罪处罚（不并罚）。 （7）故意制造骗局使他人被骗进而欠下债务，然后以索债为由将被害人作为人质，要求被害人近亲属偿还债务的，以绑架罪论处。
	盗窃婴儿的行为	根据主观目的不同，分别作以下处理： （1）出卖为目的，构成拐卖儿童罪。 （2）勒索财物为目的，构成绑架罪。

考点 47　拐卖妇女、儿童罪

构成要件	行为主体	已满 16 周岁的人。
	行为对象	仅限于妇女与儿童。
	行为方式	行为方式为拐骗、绑架、收买、贩卖、接送、中转行为。以上这些行为都是本罪的实行行为，不是帮助行为。实施多个行为，也只需要按照一罪处罚，不需要数罪并罚。
	主观罪过	责任要素除故意外，还要求以出卖为目的（出卖目的不等于营利目的）。

法定刑升格情形	"奸淫被拐卖的妇女的"： （1）拐卖妇女、儿童的过程中，奸淫妇女或者幼女的，只成立本罪，不再认定为强奸罪。 （2）本罪未将强制猥亵、侮辱罪吸收为升格条件，即如果又强制猥亵、侮辱妇女的，应并罚。
	"诱骗、强迫被拐卖的妇女卖淫或者将被拐卖的妇女卖给他人迫使其卖淫的"： （1）引诱、强迫卖淫的行为不再成立其他犯罪，只成立本罪即可，只不过法定刑加重。 （2）拐卖过程中，引诱、强迫妇童卖淫的，应数罪并罚。
	"造成被拐卖的妇女、儿童或者其亲属重伤、死亡或者其他严重后果的"： （1）加重处罚，只成立本罪即可。 （2）拐卖行为本身过失造成伤亡。需满足以下两点： ①伤亡结果与拐卖行为之间具有直接因果关系。例如，甲拐卖妇女，妇女自杀，不属于这里的死亡结果。 ②主观上是过失造成，或者为了实现拐卖目的故意造成。例如，拐卖过程中出于泄愤、报复等其他目的，故意将妇女打成重伤，另成立故意伤害罪，与拐卖妇女罪并罚。

考点48　遗弃罪

构成要件	行为主体	对他人生命健康负有扶助义务的人。 （1）亲属法规定的扶助义务。例如，未成年人、老年人的监护人。 （2）特殊职业产生扶助义务。例如，医院、养老机构等相关责任人员。 （3）合同之间产生扶助义务。例如，看护婴儿或者照顾老人的保姆。 （4）其他行为产生扶助义务。例如，将他人的未成年子女带往外地乞讨的人，对该未成年人具有扶养义务。
		先前行为使他人生命、身体处于危险状态的人，具有扶养义务等。
	行为对象	因年老、年幼、患病或者其他原因（如受伤）而没有独立生活能力的人。
	行为方式	能扶养而不扶养：使他人生命、身体产生危险，或者在他人生命、身体处于危险状态时不予救助。 （1）将需要扶养的人移置于危险场所。 （2）将需要扶养的人从一种危险场所转移至另一种更为危险的场所。

	(3) 将需要扶养的人遗留在危险场所。 (4) 离开需要扶养的人。 (5) 妨碍需要扶养的人接近扶养人。 (6) 不提供扶助，如不提供经济供给，不给予必要照料。
主观罪过	故意，即明知自己的行为会使年老、年幼、患病或者其他没有独立生活能力的人的生命、身体处于危险状态，并希望或者放任危险状态的发生。
情节要求	要求情节恶劣。对此，应根据遗弃行为的方式、行为对象、结果等进行综合判断。
罪数	(1) 遗弃行为致人重伤或者死亡的，成立遗弃罪与过失致人重伤罪或过失致人死亡罪的想象竞合犯。 (2) 相比较虐待罪而言，虐待行为致人重伤或者死亡的，成立虐待罪的结果加重犯。
遗弃罪与故意杀人罪	(1) 遗弃行为虽然将被害人置于危险境地，但是对生命不具有紧迫危险，可成立遗弃罪。 (2) 如果将被害人的生命置于危险境地且有紧迫危险时，则属于故意杀人行为。

考点 49　侵犯公民人身权利、民主权利罪其他罪名

组织出卖人体器官罪	本罪是指组织他人出卖人体器官的行为。 (1) 未经本人同意摘取其器官，或者摘取不满 18 周岁的人的器官，或者强迫、欺骗他人捐献器官的，构成故意伤害罪或者过失致人死亡罪。 (2) 违背本人生前意愿摘取其尸体器官，或者本人生前未表示同意，违反国家规定，违背其近亲属意愿摘取其尸体器官的，构成盗窃、侮辱尸体罪。
负有照护职责人员性侵罪	本罪是指对已满 14 周岁不满 16 周岁的未成年女性负有监护、收养、看护、教育、医疗等特殊职责的人员，与该未成年女性发生性关系的行为。 本罪客观要件为与已满 14 周岁不满 16 周岁的未成年女性发生性关系。"发生性关系"是指性交，与已满 14 周岁不满 16 周岁的未成年女性进行性交之外的其他性行为的，不构成本罪。对发生性关系该未成年女性表示同意，不影响本罪的成立。 与强奸罪的区别：一般认为，本罪与强奸罪的区别在于与已满 14 周岁不满 16 周岁的未成年女性发生性关系，并未违背该未成年女性的意志的，成立本罪；如果行为人采用暴力、胁迫或者其他方法，违背该未成年女性的意志与其发生性关系的，成立强奸罪。

续表

强制猥亵、侮辱罪	本罪是指以暴力、胁迫或者其他方法强制猥亵他人或者侮辱妇女的行为。 （1）行为对象：猥亵的对象是他人（包括妇女和成年男子），侮辱的对象是妇女。 （2）必须实施了猥亵他人或者侮辱妇女的行为。 （3）必须以暴力、胁迫或者其他使被害人不能反抗、不敢反抗、不知反抗的方法强制猥亵他人或者侮辱妇女。
侵犯公民个人信息罪	（1）违反国家有关规定，向他人出售或者提供公民个人信息； （2）违反国家有关规定，将在履行职责或者提供服务过程中获得的公民个人信息，出售或者提供给他人； （3）窃取或者以其他方法非法获取公民个人信息。 以上行为都要求情节严重。公民个人信息是指以电子或者其他方式记录的能够单独或者与其他信息结合识别特定自然人身份或者反映特定自然人活动情况的各种信息，包括姓名、身份证件号码、联系方式、住址、账号密码、财产状况、行踪轨迹等。
虐待被监护、看护人罪	本罪是指对未成年人、老年人、患病的人、残疾人等负有监护、看护职责的人，包括自然人和单位。 （1）行为对象：未成年人、老年人、患病的人、残疾人等被监护、看护的人； （2）虐待行为既包括以积极的方式给被害人造成肉体上或者精神上痛苦的一切行为，也包括以消极的方式不满足被害人生活需要的行为。 注意：当行为人不仅对未成年人、老年人、患病的人、残疾人等负有监护、看护职责，而且与被监护、看护的人属于家庭成员时，行为同时触犯了本罪与虐待罪，成立想象竞合犯；由于虐待被监护、看护人罪的法定刑高于虐待罪，故应当以虐待被监护、看护人罪定罪处罚。

【专题练习】

要点提炼

1. 关于侵犯公民人身权利的犯罪，下列哪一选项是正确的？
A. 甲对家庭成员负有扶养义务而拒绝扶养，故意造成家庭成员死亡。甲不构成遗弃罪，成立不作为的故意杀人罪
B. 乙闯入银行营业厅挟持客户王某，以杀害王某相要挟，迫使银行职员交给自己 20 万元。乙不构成抢劫罪，仅成立绑架罪

C. 丙为报复周某，花 5000 元路费将周某 12 岁的孩子带至外地，以 2000 元的价格卖给他人。丙虽无获利目的，也构成拐卖儿童罪

D. 丁明知工厂主熊某强迫工人劳动，仍招募苏某等人前往熊某工厂做工。丁未亲自强迫苏某等人劳动，不构成强迫劳动罪

2. 甲以伤害故意砍乙两刀，随即心生杀意又砍两刀，但四刀中只有一刀砍中乙并致其死亡，且无法查明前后四刀中的哪一刀造成死亡。关于本案，下列哪一选项是正确的？

A. 不管是哪一刀造成致命伤，都应认定为一个故意杀人罪既遂

B. 不管是哪一刀造成致命伤，只能分别认定为故意伤害罪既遂与故意杀人罪未遂

C. 根据日常生活经验，应推定为后两刀中的一刀造成致命伤，故应认定为故意伤害罪未遂与故意杀人罪既遂

D. 根据存疑时有利于被告人的原则，虽可分别认定为故意伤害罪未遂与故意杀人罪未遂，但杀人与伤害不是对立关系，故可按故意伤害（致死）罪处理本案

3. 下列哪一行为不应以故意伤害罪论处？

A. 监狱监管人员吊打被监管人，致其骨折

B. 非法拘禁被害人，大力反扭被害人胳膊，致其胳膊折断

C. 经本人同意，摘取 17 周岁少年的肾脏 1 只，支付少年 5 万元补偿费

D. 黑社会成员因违反帮规，在其同意之下，被截断 1 截小指头

4. 关于侮辱罪与诽谤罪的论述，下列哪一选项是正确的？

A. 为寻求刺激在车站扒光妇女衣服，引起他人围观的，触犯强制猥亵、侮辱妇女罪，未触犯侮辱罪

B. 为报复妇女，在大街上边打妇女边骂 "狐狸精"，情节严重的，应以侮辱罪论处，不以诽谤罪论处

C. 捏造他人强奸妇女的犯罪事实，向公安局和媒体告发，意图使他人受刑事追究，情节严重的，触犯诬告陷害罪，未触犯诽谤罪

D. 侮辱罪、诽谤罪属于亲告罪，未经当事人告诉，一律不得追究被告人的刑事责任

5. 关于侵犯人身权利罪，下列哪些选项是错误的？

A. 医生甲征得乙（15 周岁）同意，将其肾脏摘出后移植给乙的叔叔丙。甲的行为不成立故意伤害罪

B. 丈夫甲拒绝扶养因吸毒而缺乏生活能力的妻子乙，致乙死亡。因吸毒行为违法，乙的死亡只能由其本人负责，甲的行为不成立遗弃罪

C. 乙盗窃甲价值 4000 余元财物，甲向派出所报案被拒后，向县公安局告发乙抢劫价值 4000 余元财物。公安局立案后查明了乙的盗窃事实。对甲的行为不应以诬告陷害罪论处

D. 成年妇女甲与 13 周岁男孩乙性交，因性交不属于猥亵行为，甲的行为不成立猥亵儿童罪

6. 甲男（15 周岁）与乙女（16 周岁）因缺钱，共同绑架富商之子丙，成功索得 50 万元赎金。甲担心丙将来可能认出他们，提议杀丙，乙同意。乙给甲一根绳子，甲用绳子勒死丙。关于本案的分析，下列哪一选项是错误的？

A. 甲、乙均触犯故意杀人罪，因而对故意杀人罪成立共同犯罪

B. 甲、乙均触犯故意杀人罪，对甲以故意杀人罪论处，但对乙应以绑架罪论处

C. 丙系死于甲之手，乙未杀害丙，故对乙虽以绑架罪定罪，但对乙不能适用"杀害被绑架人"的规定

D. 对甲以故意杀人罪论处，对乙以绑架罪论处，与二人成立故意杀人罪的共同犯罪并不矛盾

7. 《刑法》第二百三十八条第一款与第二款分别规定："非法拘禁他人或者以其他方法非法剥夺他人人身自由的，处三年以下有期徒刑、拘役、管制或者剥夺政治权利。具有殴打、侮辱情节的，从重处罚。""犯前款罪，致人重伤的，处三年以上十年以下有期徒刑；致人死亡的，处十年以上有期徒刑。使用暴力致人伤残、死亡的，依照本法第二百三十四条、第二百三十二条的规定定罪处罚。"关于该条款的理解，下列哪些选项是正确的？

A. 第一款所称"殴打、侮辱"属于法定量刑情节

B. 第二款所称"犯前款罪，致人重伤"属于结果加重犯

C. 非法拘禁致人重伤并具有侮辱情节的，适用第二款的规定，侮辱情节不再是法定的从重处罚情节

D. 第二款规定的"使用暴力致人伤残、死亡"，是指非法拘禁行为之外的暴力致人伤残、死亡

8. 关于诬告陷害罪的认定，下列哪一选项是正确的（不考虑情节）？

A. 意图使他人受刑事追究，向司法机关诬告他人介绍卖淫的，不仅触犯诬告陷害罪，而且触犯侮辱罪

B. 法官明知被告人系被诬告，仍判决被告人有罪的，法官不仅触犯徇私枉法罪，而且触犯诬告陷害罪

C. 诬告陷害罪虽是侵犯公民人身权利的犯罪，但诬告企业犯逃税罪的，也能追究其诬告陷害罪的刑事责任

D. 15 周岁的人不对盗窃负刑事责任，故诬告 15 周岁的人犯盗窃罪的，不能追究行为人诬告陷害罪的刑事责任

【专题练习答案及解析】

1. C。对于年老、年幼、患病或者其他没有独立生活能力的人，负有扶养义务而拒绝扶养，情节恶劣的，构成遗弃罪。遗弃罪与故意杀人罪的界限应以行为人的主观故意、所实施的行为的时间和地点、是否立即造成被害人死亡以及被害人对行为人的依赖程度等进行综合判断。A 错误。抢劫罪构成要件的内容是当场使用暴力、胁迫或者其他方法，强取公私财物。乙当场以杀害王某为要挟，胁迫银行职员交付钱款的行为构成抢劫罪。B 错误。拐卖儿童罪是指以出卖为目的，拐骗、绑架、收买、贩卖、接送、中转儿童的行为。只要将儿童作为商品出卖的，不论行为人是否实际获利，均应该认定为拐卖儿童罪。C 正确。明知他人以暴力、胁迫或者限制人身自由的方法强迫他人劳动，而为其招募、运送人员，或者以其他方法协助强迫他人劳动的，构成强迫劳动罪。D 错误。

2. D。甲基于伤害故意砍乙两刀，基于杀人故意又砍乙两刀，但实际上仅砍中一刀，应区分以下情况进行分析：如果这一刀是基于伤害故意砍中的，则根据主客观相一致原则，此时应认定为故意伤害（致死）罪，后两刀基于杀人故意没有砍中，应认定为故意杀人罪未遂；如果这一刀是基于杀人故意砍中的，则根据主客观相一致原则，此时应认定为故意杀人罪既遂，前两刀基于伤害故意没有砍中，应认定为故意伤害罪未遂。由于在案证据无法查明这一刀属于哪种情况，因此应作有利于被告人的推定，即认定故意伤害（致死）罪和故意杀人罪未遂。从甲的整体行为来看，其砍乙四刀的行为是连续的，虽有主观故意内容的变化，但应评价为一个刑法上的行为，因此构成故意伤害（致死）罪与故意杀人罪未遂的想象竞合犯，应从一重罪即故意伤害（致死）罪论处。D 正确，ABC 均错误。

3. D。AB 均涉及转化犯的问题，即某一较轻的罪行因具有特定情形而转化为较重之罪，既不以原行为性质定罪也不实行数罪并罚。《刑法》第 248 条规定，监狱监管人员对被监管人进行殴打或者体罚虐待，情节严重的，构成虐待被监管人罪；致人伤残、死亡的，依照故意伤害罪或故意杀人罪从重处罚。A 中，监管人员的殴打行为，已经导致被监管人骨折，因此应依照故意伤害罪从重处罚。因此，A 错误。《刑法》第 238 条第 2 款规定，非法拘禁他人，使用暴力致人伤残、死亡的，以故意伤害罪或故意杀人罪定罪处罚。非法拘禁罪转化为故意伤害罪的前提是在非法拘禁的过程中对被害人使用暴力并导致被害人伤残的结果。B 中，行为人的行为符合转化的条件，应以故意伤害罪论处，B 错误。《刑法》第 234 条之一第 2 款规定，未经本人同意摘取其器官，或者摘取不满 18 周岁的人的器官，或者强迫、欺骗他人捐献器官的，依照故意伤害罪、故意杀人罪定罪处罚。C 中，被摘除器官的人是不满 18 周岁的人，因此应以故意伤害罪论处，C 错误。D 中，因违帮规，黑社会成员承诺并同意截断自己的 1 截小指头，由于其对被侵害的权益有处分权，因此排除犯罪成立，不成立故意伤害罪，D 正确。综上，本题正确答案为 D。

4. B。侮辱罪是指使用暴力或者其他方法，公然贬低他人人格，破坏他人名誉，情节严重的行为。诽谤罪是指故意捏造并散布某种虚构的事实足以损害他人人格和名誉，情节严重的行为。A 中，在公共场所通过暴力手段扒光妇女衣服，贬低了妇女的人格，破坏了其名誉，已经触犯了侮辱罪。因此，A 错误。B 中，在街上殴打妇女系使用暴力方法，辱骂其为"狐狸精"系公然贬低人格、破坏他人名誉的行为，因此构成侮辱罪，所以 B 正确。C 中，捏造他人强奸妇女的犯罪事实，足以损害他人人格和名誉，因此构成诽谤罪，所以

C 错误。根据我国《刑法》第 246 条的规定，侮辱罪和诽谤罪都是告诉才处理的犯罪，但严重危害社会秩序和国家利益的除外。因此，D 的说法过于绝对，没有考虑例外情形，是错误的。故，本题的正确答案为 B。

5. ABD。被害人承诺，符合一定条件，方可排除损害被害人法益行为的违法性。承诺者对所承诺的事项的意义、范围具有理解能力是成立被害人承诺的一项重要的条件。A 中，被害人乙仅 15 周岁，尚未成年，其对所承诺的事项并没有完全的理解能力，因此，不能排除甲行为的违法性，成立故意伤害罪。因此，A 错误。根据我国《刑法》第 261 条的规定，遗弃罪是指对于年老、年幼、患病或者其他没有独立生活能力的人，负有扶养义务而拒绝扶养，情节恶劣的行为。B 中，乙缺乏生活能力，而且甲乙是夫妻关系，因此甲对乙负有扶养的义务，虽然乙吸毒，但是并不能免除甲扶养乙的义务，故甲拒绝扶养乙并致乙死亡的行为构成遗弃罪，B 错误。根据我国《刑法》第 243 条的规定，诬告陷害罪是指捏造事实诬告陷害他人，意图使他人受刑事追究，情节严重的行为。"捏造"是指无中生有，虚构犯罪事实，意图使被诬告者受到错误侦查、起诉、审判等。C 中，乙盗窃价值 4000 余元财物的行为真实存在，甲并未虚构犯罪事实，只是将盗窃财物谎称成抢劫财物，因此不符合诬告陷害罪的条件，C 正确。猥亵行为具有相对性，在不同的猥亵犯罪中，猥亵行为的范围并不相同。强制猥亵妇女与强制猥亵幼女，只能是性交以外的行为，因为法律对性交行为有专门的罪名予以处罚。但是猥亵幼男的行为则包括性交行为，根据"举轻以明重"的原则，其他的一般猥亵方法认定为猥亵儿童罪，那么作为更重的性交行为应当包含在内，因此 D 错误。故，ABD 当选。

6. C。《刑法》第 17 条第 1、2 款规定，已满 16 周岁的人犯罪，应当负刑事责任。已满 14 周岁不满 16 周岁的人，犯故意杀人、故意伤害致人重伤或者死亡、强奸、抢劫、贩卖毒品、放火、爆炸、投放危险物质罪的，应当负刑事责任。甲和乙基于共同的犯罪故意相互配合，共同实施了绑架并杀害丙的犯罪行为，构成共同犯罪。其中乙已满 16 周岁，其绑架并杀害丙的行为应以绑架罪论处。甲已满 14 周岁未满 16 周岁，其绑架并杀害丙的行为不能以绑架罪论处，而只能认定为故意杀人罪。甲和乙在故意杀人罪的范围内成立共同犯罪。乙虽未直接实施杀害丙的行为，但根据共同犯罪的理论，部分行为全部责任，乙应当对共犯甲的共同犯罪行为负责，应当对其适用"杀害被绑架人"的规定。故 C 错误，ABD 均正确。

7. ABD。"具有殴打、侮辱情节的，从重处罚"是刑法明文规定的量刑情节，属于法定量刑情节。A 正确，当选。结果加重犯，又称"加重结果犯"，是指法律上规定的一个犯罪行为，由于行为人能够预见而没有预见，发生了严重的结果而加重其法定刑的情况。《刑法》第 238 条第 1 款所称具有殴打情节的，从重处罚。这里所说的"殴打"，应当以故意致人轻伤为限。如果行为人的非法拘禁行为过失造成被害人重伤、死亡的，就属于非法拘禁罪的结果加重犯。B 正确，当选。非法拘禁行为如果符合结果加重犯的构成要件，影响的是定罪，同时具有法定从重处罚的量刑情节，影响的是量刑，侮辱情节不因构成结果加重犯而失去作为从重处罚情节的意义。"具有殴打、侮辱情节的，从重处罚"，适用于基本犯，也适用所有非法拘禁罪的结果加重犯、转化犯。C 错误，不当选。"使用暴力致人伤残、死亡"，转化为故意伤害罪、故意杀人罪。致人重伤、死亡，但使用超出拘禁行为所需范围的暴力的，构成故意伤害罪、故意杀人罪。D 正确，当选。

8. C。诬告陷害罪，是指故意向公安、司法机关或有关国家机关告发捏造的犯罪事实，意图使他人受刑事追究，情节严重的行为。诬告他人介绍卖淫，并非公然侮辱他人的行为，不成立侮辱罪。A 错误。法官明知被告人系被诬告，仍判决被告人有罪的，法官仅触犯徇私枉法罪。B 错误。形式上诬告单位犯罪，但所捏造的事实导致可能对自然人进行刑事追究的，也成立诬告陷害罪。C 正确。诬告没有达到刑事责任年龄的人犯罪的，虽然司法机关查明真相后不会对被害人科处刑罚，但仍会使他们卷入刑事诉讼，仍然成立诬告陷害罪。D 错误。

专题十二　侵犯财产罪

考点 50　盗窃罪、诈骗罪、故意毁坏财物罪

<table>
<tr><td rowspan="4">盗窃罪</td><td>客观方面：
（1）盗窃公私财物数额较大；
（2）多次盗窃：2 年内盗窃 3 次以上的，应当认定为"多次盗窃"；
（3）入户盗窃：非法进入供他人家庭生活，与外界相对隔离的住所盗窃的，应当认定为"入户盗窃"；
（4）携带凶器盗窃：携带枪支、爆炸物、管制刀具等国家禁止个人携带的器械盗窃，或者为了实施违法犯罪携带其他足以危害他人人身安全的器械盗窃的，应当认定为"携带凶器盗窃"；
（5）扒窃：在公共场所或者公共交通工具上盗窃他人随身携带的财物的，应当认定为"扒窃"。</td></tr>
<tr><td>以牟利为目的，盗接他人通信线路、复制他人电信码号或者明知是盗接、复制的电信设备、设施而使用的，构成盗窃罪。</td></tr>
<tr><td>既遂的标准，不看犯罪人是否最终达到了非法占有并任意处置该财产的目的，而是要看合法占有人是否失去对财物的控制，即失控说。如将财物盗走后，暂时藏于某地，即使被寻回，仍构成既遂。
盗窃未遂，具有下列情形之一的，应当依法追究刑事责任：
（1）以数额巨大的财物为盗窃目标的；
（2）以珍贵文物为盗窃目标的；
（3）其他情节严重的情形。
盗窃既有既遂，又有未遂，分别达到不同量刑幅度的，依照处罚较重的规定处罚；达到同一量刑幅度的，以盗窃罪既遂处罚。
盗窃公私财物数额较大，行为人认罪、悔罪，退赃、退赔，且具有下列情形之一，情节轻微的，可以不起诉或者免予刑事处罚；必要时，由有关部门予以行政处罚：</td></tr>
</table>

	（1）具有法定从宽处罚情节的； （2）没有参与分赃或者获赃较少且不是主犯的； （3）被害人谅解的； （4）其他情节轻微、危害不大的。 偷拿家庭成员或者近亲属的财物，获得谅解的，一般可不认为是犯罪；追究刑事责任的，应当酌情从宽。
诈骗罪	诈骗罪构成的基本流程：行为人实施欺骗行为→对方（受骗者）产生（或继续维持）错误认识→对方基于错误认识处分财产→行为人或者第三者取得财产→被害人遭受财产损害。
故意毁坏财物罪	必须是故意；没有过失毁坏财物罪。 盗窃公私财物并造成财物损毁的，按照下列规定处理： （1）采用破坏性手段盗窃公私财物，造成其他财物损毁的，以盗窃罪从重处罚；同时构成盗窃罪和其他犯罪的，择一重罪从重处罚； （2）实施盗窃犯罪后，为掩盖罪行或者报复等，故意毁坏其他财物构成犯罪的，以盗窃罪和构成的其他犯罪数罪并罚； （3）盗窃行为未构成犯罪，但损毁财物构成其他犯罪的，以其他犯罪定罪处罚。

考点 51　抢劫罪

转化型抢劫	（1）构成转化型抢劫罪必须具备以下三个条件： ①行为人首先实施了盗窃、诈骗、抢夺的犯罪行为。 ②行为人必须是当场使用暴力或者以暴力相威胁。所谓"当场"，是指实施盗窃、诈骗、抢夺行为的现场。如果在盗窃、诈骗、抢夺实施以后，在其他时间、地点抗拒抓捕、窝藏赃物、毁灭罪证而实施暴力或以暴力相威胁的，不属于"当场"；暴力程度比较高，足以压制被害人的反抗；程度极其轻微的暴力，不构成转化。 ③行为人实施暴力或以暴力相威胁的目的是企图窝藏赃物、抗拒抓捕或者毁灭罪证。 （2）此外还需要注意： ①已满14周岁不满16周岁的人在此过程中，故意伤害致人重伤或者死亡，或者故意杀人的，应当分别以故意伤害罪或者故意杀人罪定罪处罚； ②已满16周岁不满18周岁的人有此行为的，应当依照抢劫罪定罪处罚；情节轻微的，可不以抢劫罪定罪处罚。

携带凶器抢夺	（1）"携带凶器抢夺"，包括两种情形： ①随身携带枪支、爆炸物、管制刀具等国家禁止个人携带的器械进行抢夺； ②为了实施犯罪而携带其他器械进行抢夺。 （2）行为人随身携带国家禁止个人携带的器械以外的其他器械抢夺，但有证据证明该器械确实不是为了实施犯罪准备的，不以抢劫罪定罪；行为人将随身携带凶器有意加以显示、能为被害人察觉到的，以抢劫罪定罪处罚。
抢劫结果加重犯以及与故意杀人罪的区别	"抢劫致人重伤、死亡的"，简称为抢劫的结果加重犯，只需要以抢劫罪一罪定罪处罚。包括：行为人为劫取财物而预谋故意杀人的；在劫取财物过程中，为制服被害人反抗而故意杀人的。但是，下列情形应当认定构成故意杀人罪或构成数罪： （1）行为人实施抢劫后，为灭口而故意杀人的，以抢劫罪和故意杀人罪定罪，实行数罪并罚。 （2）行为人具有故意杀人的目的（而不是抢劫的故意），在杀害被害人之后，"见财起意"顺手牵羊，拿走被害人身上财物的，或者为了掩盖、销毁罪迹，而拿走被害人财物的，一般认定为故意杀人罪。拿走被害人财物的行为，如果数额较大的，可以认定为盗窃罪。 （3）"谋财害命"，但不是当场从被害人控制下取得财物的情形。这种情形通常属于基于贪财动机而实施的故意杀人行为。行为人不是当场从被害人控制下取得财物，而是将来获取财物或财产性利益。
抢劫罪与敲诈勒索罪①的区别	（1）从暴力程度上看，抢劫罪中的暴力手段必须达到足以抑制对方反抗的程度，但不要求事实上抑制了对方的反抗。因此，以不足以抑制对方反抗的轻微暴力取得他人财物的，应认定为敲诈勒索罪。 （2）从威胁的内容方面看，后者的威胁内容广泛，可以是以暴力相威胁，也可以是以揭发隐私、毁坏财物、阻止正当权利的行使，不让对方实现某种正当要求等相威胁，前者威胁的内容只限暴力。 （3）从威胁的方式看，后者可以是面对被害人也可以是不面对被害人实施，即以口头或书面方式进行威胁，而前者只能是由犯罪分子当场当面向被害人直接口头实施，少数情况下以行动实施。 （4）从非法取得财物的时间上看，后者可以是当场取得，也可以是限定在若干时日以内取得，前者只能是当场当时取得。 （5）从要求取得的内容看，后者主要是财物，也可包括一些财产性利益（如提供劳务等），前者只能是财物，且只能是动产。

---

① 敲诈勒索罪的行为方式可以是：（1）敲诈勒索公私财物，数额较大；（2）多次敲诈勒索（没有数额限制）。

抢劫罪与抢夺罪的区别	抢劫罪中的暴力必须针对人实施，而不包括对物暴力。这是抢劫罪与抢夺罪的关键区别。 若抢夺过程中当场使用暴力的，以抢劫论，如抢夺时，拿不走，又踢又打；携带凶器抢夺的以抢劫罪论（要求犯罪人的凶器有用于犯罪的意图，处于随时使用的状态，包在包袱中的不算）。携带凶器也是一种主客观统一的行为。即要求行为人具有准备使用的意图。
抢劫罪与绑架罪的区别	绑架罪中的索取财物，只能是向被绑架人以外的第三者索要财物，否则就谈不上将被绑架人作为"人质"了。如果行为人控制、劫持被害人，直接从被害人控制、支配下强取财物的，仍然是抢劫罪。
注意	(1) 对于强拿硬要少量物品，情节显著轻微、危害不大的行为，可不认为构成抢劫罪。对于当事人之间因为存在民事、婚姻、邻里之类的纠纷，而发生的强拿、扣留对方财物的行为，通常不认为是抢劫罪。当然，如果使用这种不当手段超过法律容忍限度的，可以构成其他罪。如非法侵入住宅罪、侮辱罪、故意伤害罪等。 (2) 抢劫的"着手"，通常是开始暴力、胁迫行为。在此之前为了抢劫财物而跟踪尾随被害人、守候被害人、接近被害人伺机开始暴力、胁迫的抢劫行为的，都属于预备行为。抢劫罪作为一种侵犯财产的犯罪，一般以抢取财物为既遂，未抢到财物为未遂，但造成加重后果的（如致人重伤、死亡），则不存在未遂，属结果加重犯，也不数罪并罚。 (3) 聚众打砸抢，当场抢走或毁坏财物的，首要分子定抢劫罪。这种情形下不论是抢走而非法占有财物，还是毁坏而根本没占有财物都定抢劫罪，而不定故意毁坏公私财物罪，这也是立法上的一个例外性规定。

考点 52　盗窃罪与相关罪名的比较

（一）盗窃罪与诈骗罪

	盗窃罪	诈骗罪
行为方式	趁被害人不注意；当事人无处分财物的意图。	用欺骗手段使被害人产生错误认识，"自愿"处分财物。

	盗窃罪	诈骗罪
从被害人角度	对财物的丧失违背被害人的意志。	基于被害人的意思而丧失占有。
举例	（1）最常考的方式就是调包； （2）骗店主离开店铺，然后进入其内拿走财物。	声称手机号码中大奖礼品，但需要先交纳邮寄费用。
特殊情形	盗窃公私财物数额较大，行为人认罪、悔罪，退赃、退赔，且具有下列情形之一，情节轻微的，可以不起诉或者免予刑事处罚；必要时，由有关部门予以行政处罚： （1）具有法定从宽处罚情节的； （2）没有参与分赃或者获赃较少且不是主犯的； （3）被害人谅解的； （4）其他情节轻微、危害不大的。 偷拿家庭成员或者近亲属的财物，获得谅解的，一般可不认为是犯罪；追究刑事责任的，应当酌情从宽。	（1）诈骗近亲属的财物、近亲属谅解的，一般可不按犯罪处理； （2）冒充国家机关工作人员进行诈骗，同时构成诈骗罪和招摇撞骗罪的，依照处罚较重的规定定罪处罚。

（二）盗窃罪与职务侵占罪（或贪污罪）

	盗窃罪	职务侵占罪（或贪污罪）
犯罪对象	公私财物	行为人控制之下的财物（主管、保管、经营与经手）。
条件	没有职务条件	利用职务便利。

(三) 盗窃罪与侵占罪

		盗窃罪	侵占罪
犯罪对象	描述	处于他人控制之下的财物（即使他人没有现实地握有或者监视，只要是在他人的事实支配领域内，也属于他人控制）。	他人暂时丧失控制的财物。
	举例	(1) 他人掉在自己办公桌下的存折。因为办公室是一个特定的场所，因此对存折的控制并未丧失。 (2) 他人放在门外的自行车。	(1) 保管物； (2) 埋藏物； (3) 遗忘物：他人遗忘在出租车上的手提包。
行为方式		秘密窃取。	公然占有，拒不归还。

考点 53　挪用资金罪与挪用公款罪

	挪用资金罪	挪用公款罪
主体	公司、企业或者其他单位的工作人员。	国家机关工作人员。
客观方面	(1) 挪用单位资金归个人使用或者借贷给他人，数额较大，超过 3 个月未还； (2) 挪用单位资金进行营利活动，数额较大的； (3) 挪用单位资金进行非法活动。	(1) 挪用公款归个人使用，数额较大、超过 3 个月未还的； (2) 挪用公款，数额较大，归个人进行营利活动的； (3) 挪用公款归个人使用，进行非法活动的。
主观方面	主观内容为非法占用，而不是非法占有。	挪用，而非占有。
挪用对象	单位资金；不包括特定款物。	公款；包括挪用特定款物归个人使用（按此罪从重处罚）。

注意： 挪用资金罪具有从宽处罚情节，即在提起公诉前将挪用的资金退还的，可以从轻或者减轻处罚。其中，犯罪较轻的，可以减轻或者免除处罚。

要点提炼

【专题练习】

1. 关于抢劫罪的认定，下列哪些选项是正确的？

A. 甲欲进王某家盗窃，正撬门时，路人李某经过。甲误以为李某是王某，会阻止自己盗窃，将李某打昏，再从王某家窃走财物。甲不构成抢劫既遂

B. 乙潜入周某家盗窃，正欲离开时，周某回家，进屋将乙堵在卧室内。乙掏出凶器对周某进行恐吓，迫使周某让其携带财物离开。乙构成入户抢劫

C. 丙窃取刘某汽车时被发现，驾刘某的汽车逃跑，刘某乘出租车追赶。途遇路人陈某过马路，丙也未减速，将陈某撞成重伤。丙构成抢劫致人重伤

D. 丁抢夺张某财物后逃跑，为阻止张某追赶，出于杀害故意向张某开枪射击。子弹未击中张某，但击中路人汪某，致其死亡。丁构成抢劫致人死亡

2. 甲、乙等人佯装乘客登上长途车。甲用枪控制司机，令司机将车开到偏僻路段；乙等人用刀控制乘客，命乘客交出随身财物。一乘客反抗，被乙捅成重伤。财物到手下车时，甲打死司机。关于本案，下列哪些选项是正确的？

A. 甲等人劫持汽车，构成劫持汽车罪

B. 甲等人构成抢劫罪，属于在公共交通工具上抢劫

C. 乙重伤乘客，无需以故意伤害罪另行追究刑事责任

D. 甲开枪打死司机，需以故意杀人罪另行追究刑事责任

3. 关于抢夺罪，下列哪些判断是错误的？

A. 甲驾驶汽车抢夺乙的提包，汽车能致人死亡属于凶器。甲的行为应认定为携带凶器抢夺罪

B. 甲与乙女因琐事相互厮打时，乙的耳环（价值8000元）掉在地上。甲假装摔倒在地迅速将耳环握在手中，乙见甲摔倒便离开了现场。甲的行为成立抢夺罪

C. 甲骑着摩托车抢夺乙的背包，乙使劲抓住背包带，甲见状便加速行驶，乙被拖行十多米后松手。甲的行为属于情节特别严重的抢夺罪

D. 甲明知行人乙的提包中装有毒品而抢夺，毒品虽然是违禁品，但也是财物。甲的行为成立抢夺罪

4. 郑某冒充银行客服发送短信，称张某手机银行即将失效，需重新验证。张某信以为真，按短信提示输入银行卡号、密码等信息后，又将收到的编号为135423的"验证码"输入手机页面。后张某发现，其实是将135423元汇入了郑某账户。关于本案的分析，下列哪一选项是正确的？

A. 郑某将张某作为工具加以利用，实现转移张某财产的目的，应以盗窃罪论处

要点提炼

B. 郑某虚构事实，对张某实施欺骗并导致张某处分财产，应以诈骗罪论处

C. 郑某骗取张某的银行卡号、密码等个人信息，应以侵犯公民个人信息罪论处

D. 郑某利用电信网络，为实施诈骗而发布信息，应以非法利用信息网络罪论处

5. 下列哪些行为构成盗窃罪（不考虑数额）？

A. 酒店服务员甲在帮客人拎包时，将包中的手机放入自己的口袋据为己有

B. 客人在小饭馆吃饭时，将手机放在收银台边上充电，请服务员乙帮忙照看。乙假意答应，却将手机据为己有

C. 旅客将行李放在托运柜台旁，到相距 20 余米的另一柜台问事时，机场清洁工丙将该行李拿走据为己有

D. 顾客购物时将车钥匙遗忘在收银台，收银员问是谁的，丁谎称是自己的，然后持该钥匙将顾客的车开走

6. 关于诈骗罪的认定，下列哪一选项是正确的（不考虑数额）？

A. 甲利用信息网络，诱骗他人点击虚假链接，通过预先植入的木马程序取得他人财物。即使他人不知点击链接会转移财产，甲也成立诈骗罪

B. 乙虚构可供交易的商品，欺骗他人点击付款链接，取得他人财物的，由于他人知道自己付款，故乙触犯诈骗罪

C. 丙将钱某门前停放的摩托车谎称是自己的，卖给孙某，让其骑走。丙就钱某的摩托车成立诈骗罪

D. 丁侵入银行计算机信息系统，将刘某存折中的 5 万元存款转入自己的账户。对丁应以诈骗罪论处

7. 下列哪一行为成立侵占罪？

A. 张某欲向县长钱某行贿，委托甲代为将 5 万元贿赂款转交钱某。甲假意答应，拿到钱后据为己有

B. 乙将自己的房屋出售给赵某，虽收取房款却未进行所有权转移登记，后又将房屋出售给李某

C. 丙发现洪灾灾区的居民已全部转移，遂进入居民房屋，取走居民来不及带走的贵重财物

D. 丁分期付款购买汽车，约定车款付清前汽车由丁使用，所有权归卖方。丁在车款付清前将车另售他人

8. 乙（16 周岁）进城打工，用人单位要求乙提供银行卡号以便发放工资。乙忘带身份证，借用老乡甲的身份证以甲的名义办理了银行卡。乙将银行卡号提供给用人单位后，请甲保管银行卡。数月后，甲持该卡到银行柜台办理密码挂失，取出 1 万余元现金，拒不退还。甲的行为构成下列哪一犯罪？

A. 信用卡诈骗罪   B. 诈骗罪

C. 盗窃罪（间接正犯）   D. 侵占罪

9. 关于侵犯财产罪（不考虑数额与情节），下列说法错误的是：

A. 甲非法闯入他人住宅，当着 9 岁儿童的面，取走其家中价值未达"数额较大"的财物。如果认为盗窃罪包括公开盗窃，则甲属于入户盗窃，构成盗窃罪

B. 乙非法闯入他人住宅，当着 90 多岁老人的面，取走其家中价值未达"数额较大"的财物。如果否认盗窃罪可以公开进行，则乙不构成任何财产犯罪

C. 丙驾驶大卡车在高速公路上行驶，在收费站处突然紧跟前车闯过收费关口，没有缴纳过路费。丙的行为不构成诈骗罪

D. 丁骑摩托车抢夺行人戊的背包。戊紧抓背包带不放手，丁加速行驶，将戊拖行三十多米后戊才放手。对丁应以抢夺罪论处

10. 下列行为中，成立抢劫致人重伤的是：

A. 钱某犯抢夺罪时被当场发现后立即逃跑，被害人追赶钱某时摔倒在地造成重伤

B. 赵某犯盗窃罪被发现后逃跑，被害人紧追不舍。赵某跨越栏杆时，过失导致栏杆倒下砸中被害人致其重伤

C. 李某犯抢夺罪后，为抗拒抓捕而逃跑，逃跑时猛推刚好挡道的行人，致其倒地后重伤

D. 孙某犯盗窃罪时被马某发现，马某在犹豫是否报警时，孙某担心被马某抓捕而对马某实施暴力，造成马某重伤

【专题练习答案及解析】

1. ABD。甲实施盗窃行为时误将李某当作王某而将其打昏的行为，甲主观认识到的（打昏王某）与实际发生的（打昏李某）二者不一致，打昏李某的行为应单独评价为故意伤害行为，不应认定为转化型抢劫罪。A 正确。入户实施盗窃行为被发现以后，行为人为窝藏赃物、抗拒抓捕或者毁灭罪证而当场使用暴力的，若暴力发生在户内可以认定为"入户抢劫"。乙暴力抗拒抓捕的行为发生在周某卧室内。B 正确。抢劫后逃离的行为致人重伤或死亡属于基本行为以外的行为造成的所谓严重结果，不成立抢劫罪的结果加重犯，应按照故意伤害罪与抢劫罪并罚。C 错误。丁抢夺张某财物后逃跑，为阻止张某追赶，出于杀害故意向张某开枪射击的行为构成事后抢劫，在事后抢劫中暴力行为导致抓捕者等人死亡的，应认定为抢劫致人死亡。D 正确。

2. ABCD。根据《刑法》第 122 条的规定，劫持汽车罪，是指以暴力、胁迫或者其他方法劫持汽车的行为。甲用枪控制司机，迫使其将车开到偏僻路段的行为符合劫持汽车罪的犯罪构成。因此，A 正确。甲控制司机后，乙等人在交通工具上用刀控制乘客，命乘客交出随身财物，成立抢劫罪，并且具有在公共交通工具上抢劫的加重情节。因此，B 正确。乙重伤乘客属于在抢劫过程中致人重伤的行为，该行为属于抢劫罪的加重情节，不需另行以故意伤害罪追究刑事责任。因此，C 正确。甲是财物到手，抢劫行为实施完毕后，用枪将司机打死，属于杀人灭口的行为，该行为属于甲个人实施的行为，应当构成故意杀人罪。所以，D 正确。综上，本题正确答案为 ABCD。

3. ABC。根据《刑法》第 267 条，抢夺罪，是指以非法占有为目的，直接夺取他人紧密占有的数额较大的公私财物或者多次抢夺的行为。但是，如果携带凶器抢夺的，以抢劫罪定罪处罚。根据《最高人民法院关于审理抢劫、抢夺刑事案件适用法律若干问题的意见》，"携带凶器抢夺"，是指行为人随身携带枪支、爆炸物、管制刀具等国家禁止个人携带的器械进行抢夺或者为了实施犯罪而携带其他器械进行抢夺的行为，A 中，虽然汽车也能致人死亡，但并非"凶器"，A 错误，当选。B 中，甲是以秘密窃取的方式取得耳环的占有，属于盗窃罪而非抢夺罪，B 错误，当选。《最高人民法院、最高人民检察院关于办理抢夺刑事案件适用法律若干问题的解释》第 6 条规定，驾驶机动车、非机动车夺取他人财物，具有下列情形之一的，应当以抢劫罪定罪处罚：（1）夺取他人财物时因被害人不放手而强行夺取的；（2）驾驶车辆遍挤、撞击或者强行遍倒他人夺取财物的；（3）明知会致人伤亡仍然强行夺取并放任造成财物持有人轻伤以上后果的。C 中，甲的行为符合上述的第（1）项规定，应该以抢劫罪论处，因此 C 错误，当选。根据《全国部分法院审理毒品犯罪案件工作座谈会纪要》的规定，盗窃、抢夺、抢劫毒品的，应当分别以盗窃罪、抢夺罪或者抢劫罪定罪，因此 D 正确，不当选。

4. A。诈骗罪的行为结构为：行为人实施欺骗行为→受骗者产生错误认识→受骗者基于错误认识处分财产→行为人或第三方取得财产→被害人遭受财产损失。诈骗罪与盗窃罪的重要区别在于被害人是否基于认识错误主动交付财产。本案中郑某虽然实施了欺骗行为，但张某被骗后发送验证码时并没有主动交付财物的意思，郑某通过技术手段破除了张某对钱款的占有，构成盗窃罪。A 正确，B 错误。根据《刑法》第 253 条之一和第 287 条之一的规定，CD 错误。

5. ABCD。服务员帮客人拎包，包内的财物并未转移占有，其将手机据为己有的行为属于秘密窃取他人财物，构成盗窃罪。A 正确。客人将手机放到收银台附近充电，虽明确拜托服务员乙帮忙照看，但客人此时就在同一场所就餐，可以认定其没有转移占有的意思，乙将手机据为己有的行为属于盗窃罪而非侵占罪。B 正确。机场清洁工丙将旅客临时放置的行李据为己有，由于该旅客并未脱离对行李的控制，丙的行为构成秘密窃取他人财物的盗窃罪。C 正确。丁骗取他人车钥匙只是窃取他人车辆的手段，并不影响其行为的定性。丁的行为构成盗窃罪。D 正确。

6. B。构成诈骗罪，要求行为人虚构事实或隐瞒真相，使他人陷入错误认识，进而对财物进行处分。由于他人点击链接时没有处分财产的意思，因此不能成立诈骗罪，甲的行为应构成盗窃罪。A 错误。乙虚构可供交易的商品，使他人陷入错误认识，付款给乙，乙的行为构成典型的诈骗罪。B 正确。丙谎称钱某的摩托车是自己的，将其卖给孙某，实质上属于先将钱某的摩托车秘密据为己有，然后出卖给他人，其行为构成盗窃罪而非诈骗罪。C 错误。丁侵入计算机信息系统，窃取刘某存折里的钱，构成盗窃罪而非诈骗罪。D 错误。

7. D。基于不法原因给付的财物，不能成立侵占罪。张某委托甲代为保管的为行贿赃款，张某对行贿款没有返还请求权，不能认定甲侵占了张某的财物。A 错误。乙将房屋出售给赵某但尚未进行所有权转移登记，乙仍然是房屋的所有权人，对房屋具有处分权，其一房二卖的行为不构成侵占罪。B 错误。侵占罪的犯罪对象主要包含委托物、脱离占有物（遗忘物或埋藏物）。灾区居民来不及带走的贵重财物并没有脱离占有，房屋中的财物仍然由居民占有。丙取走他人财物的行为构成盗窃罪。C 错误。分期付款购物的场合，约定车款付清前车辆所有权归卖方所有，买方在付清车款前处分车辆的，属于对委托物的侵占行为。D 正确。

8. D。《刑法》第 196 条第 1 款规定，有下列情形之一，进行信用卡诈骗活动，数额较大的，构成信用卡诈骗罪：（1）使用伪造的信用卡，或者使用以虚假的身份证明骗领的信用卡的；（2）使用作废的信用卡的；（3）冒用他人信用卡的；（4）恶意透支。本案中，乙以甲的名义办理了银行卡，甲持该卡去银行挂失、取款，并不属于"冒用他人信用卡"，因为从形式上看这张银行卡本来就是甲的。故甲的行为不构成信用卡诈骗罪。A 错误。甲在挂失和取款过程中，并未欺骗银行工作人员，其办理程序完全合法合规，故其行为也不构成诈骗罪。B 错误。乙将银行卡交给甲保管，甲利用这一便利条件将卡内钱款据为己有，甲实施的行为属于侵占而非盗窃。故 C 错误，D 正确。

9. D。盗窃罪是指将他人占有的财物，通过平和手段转移为自己占有的行为。"入户盗窃"是盗窃罪的特殊类型，其行为对象不要求是"数额较大"的财物。所以，甲、乙的行为都构成盗窃罪，AB 正确。丙没有实施欺骗行为，收费站工作人员没有产生认识错误，所以丙不构成诈骗罪。C 正确。丙的行为属于盗窃或抢夺财产性利益。如果该行为对收费站工作人员的人身有危险，则属于抢夺行为；如果没有危险，则属于盗窃行为。抢夺罪与抢劫罪的区分标准在于：抢夺罪是对物暴力，夺取财物，手段对人有危险；抢劫罪是对人暴力，压制人的反抗，劫取财物。本题中，丁开始是抢夺罪，但是，当拖行被害人时，手段已经升级为对人暴力，压制被害人的反抗，因此构成抢劫罪。因此，D 错误。

10. CD。A 错误，钱某在实施抢夺罪后，并未对被害人使用暴力或以暴力相威胁，不构成事后抢劫，被害人是自己不慎摔成重伤的，与钱某的行为无因果关系，钱某更不可能构成抢劫致人重伤的结果加重犯。B 错误，赵某过失导致栏杆倒下砸中被害人致其重伤，并不是为了窝藏赃物等目的而对被害人使用暴力，不构成事后抢劫。赵某的行为应以盗窃罪、过失致人重伤罪，数罪并罚。C 正确，李某犯抢夺罪后，为抗拒抓捕，当场猛推挡道的行人，由于强力推倒属于足以压制反抗的暴力，李某的行为构成事后抢劫，这一暴力行为与重伤存在因果关系，对李某的行为应以抢劫致人重伤的结果加重犯论处。D 正确，孙某犯盗窃罪时被马某发现，孙某是为了抗拒抓捕而对马某使用暴力，造成马某重伤。孙某的行为构成事后抢劫，事后抢劫中的暴力和以暴力相威胁，应与普通抢劫中的暴力、胁迫作相同解释。造成重伤结果，属于抢劫致人重伤的结果加重犯。

专题十三　妨害社会管理秩序罪

考点 54　扰乱公共秩序罪

（一）招摇撞骗罪与诈骗罪

	招摇撞骗罪	诈骗罪
侵害客体	招摇撞骗罪侵犯的客体主要是国家机关的管理活动及其威信。	包括财产在内的各种利益；如果骗取的财物数额特别巨大的，应以诈骗罪定罪。
行为方式	招摇撞骗罪必须用冒充国家机关工作人员的方式进行： （1）仅限于冒充国家工作人员的方式； （2）冒充人民警察的，从重处罚； （3）冒充军人的，构成冒充军人招摇撞骗罪。	诈骗罪所采用的手段则可以是多种多样的。

★招摇撞骗罪和诈骗罪虽然具有上述区别，但二者有时会出现重合的情形。比如，当冒充国家机关工作人员的身份骗取财物时，就和诈骗罪重合了。遇到这种情况，不能一律定招摇撞骗罪。如果冒充国家机关工作人员主要是为了骗取财物，而且数额巨大，或者特别巨大，其侵犯的客体已主要不是国家机关的威信，而是财产权利，应依照《刑法》第266条规定的诈骗罪论处。

（二）聚众斗殴罪与寻衅滋事罪

聚众斗殴罪	（1）指聚集多人进行斗殴的行为； （2）法律拟制规定：聚众斗殴致人重伤、死亡的，以故意伤害罪、故意杀人罪定罪处罚； （3）聚众斗殴造成他人财产损失，同时触犯故意毁坏财物罪的，属于想象竞合犯，从一重罪处罚； （4）本罪处罚首要分子和其他积极参加者。

寻衅滋事罪	本罪指无事生非，起哄闹事，肆意挑衅，随意骚扰，破坏社会秩序的行为。具体包括： (1) 随意殴打他人，情节恶劣的； (2) 追逐、拦截、辱骂、恐吓他人，情节恶劣的； (3) 强拿硬要或者任意损毁、占用公私财物，情节严重的； (4) 在公共场所起哄闹事，造成公共场所秩序严重混乱的。 实施寻衅滋事行为，同时触犯故意伤害罪、抢劫罪、敲诈勒索罪、故意毁坏财物罪的，应从一重罪处罚。

（三）袭警罪

概念	本罪是指暴力袭击正在依法执行职务的人民警察的行为。
客观方面	本罪在客观方面表现为暴力袭击正在依法执行职务的人民警察。首先，要求存在暴力袭击行为。其次，暴力袭击的对象为人民警察，包括公安机关、国家安全机关、监狱管理机关的人民警察和人民法院、人民检察院的司法警察。最后，要求暴力袭击的是正在依法执行职务的人民警察。 注意：人民警察在非工作时间，依照《人民警察法》等法律履行职责的，应当视为正在依法执行职务，在人民警察非执行职务期间，因其职务行为对其实施暴力袭击行为的，不构成本罪，如符合故意伤害罪、故意杀人罪的犯罪构成的应按相应犯罪定罪处罚。
主观方面	本罪在主观方面表现为故意，要求行为人明知暴力袭击的对象是人民警察。行为人认识到对方正在依法执行职务，但由于人民警察身穿便装等原因，行为人确实没有认识到对方是人民警察的，不成立本罪，应以妨害公务罪追究刑事责任。

（四）冒名顶替罪

概念	本罪是指盗用、冒用他人身份，顶替他人取得的高等学历教育入学资格、公务员录用资格、就业安置待遇的行为。
注意	如果行为人顶替他人取得前述三种资格、待遇之外的其他资格、待遇的，如盗用、冒用他人身份，顶替他人取得重点中学的入学资格、私营企业的录用资格、荣誉称号待遇的，不构成本罪。被顶替人同意行为人使用其身份，顶替其取得的高等学历教育入学资格、公务员录用资格、就业安置待遇的，属于违法行为，但不构成本罪。

（五）高空抛物罪

概念	本罪是指从建筑物或者其他高空抛掷物品，情节严重的行为。
客观方面	本罪在客观方面表现为从建筑物或者其他高空抛掷物品，情节严重的行为。"高空"，是指高于基准面，能够利用自由落体运动危及人身、财产安全的空间。"抛掷物品"，是指有意使物品从空中落下，无论是直接从空中丢下物品，还是将物品抛到空中使其落下，均属于抛掷物品。
主观方面	本罪主观方面为故意，如因过失导致物品从高空坠落，致人死亡、重伤的，不成立本罪，应按过失致人死亡罪、过失致人重伤罪定罪处罚。在生产、作业中违反有关安全管理规定，过失从高空坠落物品，发生重大伤亡事故或者造成其他严重后果的，应以重大责任事故罪定罪处罚。

（六）考试类犯罪

组织考试作弊罪	本罪是指在法律规定的国家考试中组织作弊以及为组织作弊提供作弊器材或者其他帮助的行为。
	"法律规定的国家考试"仅限于全国人民代表大会及其常务委员会制定的法律所规定的考试。下列考试属于"法律规定的国家考试"：（1）普通高等学校招生考试、研究生招生考试、高等教育自学考试、成人高等学校招生考试等国家教育考试；（2）中央和地方公务员录用考试；（3）国家统一法律职业资格考试、国家教师资格考试、注册会计师全国统一考试、会计专业技术资格考试、资产评估师资格考试、医师资格考试、执业药师职业资格考试、注册建筑师考试、建造师执业资格考试等专业技术资格考试；（4）其他依照法律由中央或者地方主管部门以及行业组织的国家考试。上述考试涉及的特殊类型招生、特殊技能测试、面试等考试属于"法律规定的国家考试"。
非法出售、提供试题、答案罪	本罪是指为实施考试作弊行为向他人非法出售或者提供法律规定的国家考试的试题、答案的行为。
	（1）成立本罪要求行为人所提供的试题、答案是真实的而不是虚假的，但只要求部分真实所以存在部分虚假时不影响本罪的成立。 （2）本罪还要求出售、提供试题、答案的行为应在考试前或者考试过程中，考试结束后出售、提供试题、答案的不成立本罪。

代替考试罪	本罪是指代替他人或者让他人代替自己参加法律规定的国家考试的行为。
	代替他人考试的人（替考人）与让他人代替自己参加考试的人（应考人）会形成共犯关系（可谓对向性的共同正犯），但也不尽然。

考点 55　妨害司法罪

（一）常考罪名

罪名	主体	客观方面
破坏监管秩序罪	主体：被关押的罪犯。 和"主体"对应： （1）被关押但未定罪的未决犯； （2）未被关押的已决犯。	（1）殴打监管人员的； （2）组织其他被监管人破坏监管秩序的； （3）聚众闹事，扰乱正常监管秩序的； （4）殴打、体罚或者指使他人殴打、体罚其他被监管人员的。
脱逃罪	被关押的罪犯、被告人、犯罪嫌疑人。	从羁押、刑罚执行场所或押解途中逃走。
组织越狱罪	被关押的罪犯、被告人、犯罪嫌疑人。	有组织地以非暴动方式越狱（包括押解途中）。
暴动越狱罪	被关押的罪犯、被告人、犯罪嫌疑人。	以有组织或者聚众的形式集体使用暴力越狱。
劫夺被押解人员罪	一般主体。	劫夺押解途中的罪犯、被告人、犯罪嫌疑人；不包括监狱等关押场所中的罪犯、被告人、犯罪嫌疑人。
聚众持械劫狱罪	狱外的人。	聚众持械劫夺关押在狱中的罪犯、被告人、犯罪嫌疑人。

（二）窝藏、包庇罪

与知情不举的界限	知情不举是指明知是犯罪分子而不检举告发的行为，与窝藏、包庇罪的区别在于主观上没有使犯罪分子逃避法律制裁的目的，客观上没有实施窝藏、包庇的行为。

续表

与伪证罪的界限	作假证明包庇的行为与伪证行为相似，区别在于：犯罪主体不同，包庇罪是一般主体，伪证罪是特殊主体；犯罪的时间不同，包庇罪可以在刑事诉讼过程中实施，也可以在此之前实施，而伪证罪只能在刑事诉讼过程中实施。因此，特定的主体在刑事诉讼中作伪证以包庇犯罪分子的，是伪证罪，其他人在刑事诉讼之前或之中提供假证明包庇犯罪分子的，是包庇罪。
与帮助毁灭、伪造证据罪的界限	区别在于发生的场合和行为对象不同，包庇罪的作假证明限于在刑事诉讼中为犯罪分子作假证明；而帮助毁灭、伪造证据罪的伪造证据，可以是在任何诉讼案件中伪造任何证据（包括伪造证明）。作假证明实际上是伪造证据的情况之一。帮助当事人毁灭罪证、毁灭罪迹的行为，应属于帮助毁灭、伪造证据罪的行为之一，对这种行为应以帮助毁灭、伪造证据罪论处，不再以包庇罪论处。
与是否构成共同犯罪的界限	（1）事先未与被窝藏、包庇的犯罪分子通谋，而在事后予以窝藏、包庇的，是窝藏、包庇罪； （2）如果事先通谋，即窝藏、包庇犯与被窝藏、包庇的犯罪分子，在犯罪活动之前就谋划或合谋，答应犯罪分子作案后给予窝藏、包庇的，应以共同犯罪论处。
包庇罪的特别规定	旅馆业、文化娱乐业、出租汽车业等单位的人员，在公安机关查处卖淫嫖娼活动时，为违法犯罪分子通风报信，情节严重的，依照包庇罪定罪处罚。

（三）虚假诉讼罪

本罪指以捏造的事实提起民事诉讼，妨害司法秩序或者严重侵害他人合法权益的行为。	
主体	自然人和单位。
以捏造的事实提起民事诉讼	采取伪造证据、虚假陈述等手段，实施下列行为之一，捏造民事法律关系，虚构民事纠纷，向人民法院提起民事诉讼的，应当认定为"以捏造的事实提起民事诉讼"： （1）与夫妻一方恶意串通，捏造夫妻共同债务的； （2）与他人恶意串通，捏造债权债务关系和以物抵债协议的； （3）与公司、企业的法定代表人、董事、监事、经理或者其他管理人员恶意串通，捏造公司、企业债务或者担保义务的； （4）捏造知识产权侵权关系或者不正当竞争关系的； （5）在破产案件审理过程中申报捏造的债权的； （6）与被执行人恶意串通，捏造债权或者对查封、扣押、冻结财产的优先权、担保物权的； （7）单方或者与他人恶意串通，捏造身份、合同、侵权、继承等民事法律关系的其他行为。

注意	（1）本罪发生在民事诉讼过程中； （2）行为人以捏造的事实提起民事诉讼，非法占有他人财产或者逃避合法债务，又构成其他犯罪的，依照处罚较重的规定定罪从重处罚。

考点 56　走私、贩卖、运输、制造毒品罪

罪名	备注
走私、贩卖、运输、制造毒品罪	（1）没有毒品数量的要求； （2）将假毒品误认为真毒品的，构成本罪的未遂； （3）故意贩卖假毒品骗取财物的，以诈骗罪论； （4）介绍买卖毒品的，无论是否获利，以贩卖毒品罪的共犯论处。
非法提供麻醉药品、精神药品罪	（1）主体是依法从事生产、运输、管理、使用国家管制的麻醉药品、精神药品的人员和单位； （2）向走私、贩卖毒品的犯罪分子提供的，以走私、贩卖毒品罪论处； （3）以牟利为目的，向吸毒者提供的，以贩卖毒品罪论处。
非法持有毒品罪	（1）能定其他毒品罪的，应当定其他罪；只有行为人非法持有数量较大的毒品，但又没有足够证据证明他犯有其他毒品犯罪时，才以本罪定罪； （2）吸毒不是犯罪，但是持有毒品数量较大的，构成本罪。

注意：
（1）盗窃他人毒品的，也可以构成盗窃罪；
（2）走私毒品又有其他物品的，数罪并罚；
（3）在生产销售的食品中掺入微量毒品的，应认定为生产、销售有毒、有害食品罪，不宜认定为贩卖毒品罪；
（4）行为人以暴力抗拒检查、拘留、逮捕的，作为本罪的法定加重情节而不另成立妨害公务罪；
（5）"运输毒品仅限于在境内运输毒品，而不包括从境外运往境内和从境内运往境外"，这是对"运输"行为的理解，所谓运输毒品应当是指在境内将毒品从某一地点向另一地点运送，如果将毒品自境内非法运送至境外或者从境外非法运入境内，则属于走私毒品而非运输毒品。

考点 57　妨害社会管理秩序罪其他罪名

罪名	备注
医疗事故罪	医务人员由于<u>重大过失</u>造成就诊人死亡或者严重损害就诊人身体健康。
非法行医罪	未取得医生执业资格的人非法行医。
组织卖淫罪、强迫卖淫罪	组织、强迫卖淫，并有杀害、伤害、强奸、绑架等犯罪行为的，数罪并罚。
引诱、容留、介绍卖淫罪	既引诱，又容留、介绍幼女卖淫的，应以引诱幼女卖淫罪与容留、介绍卖淫罪并罚。

要点提炼

【专题练习】

1. 甲在公园游玩时遇见仇人胡某，顿生杀死胡某的念头，便欺骗随行的朋友乙、丙说："我们追逐胡某，让他出洋相。"三人捡起木棒追逐胡某，致公园秩序严重混乱。将胡某追到公园后门偏僻处后，乙、丙因故离开。随后甲追上胡某，用木棒重击其头部，致其死亡。关于本案，下列哪些选项是正确的？

A. 甲触犯故意杀人罪与寻衅滋事罪

B. 乙、丙的追逐行为是否构成寻衅滋事罪，与该行为能否产生救助胡某的义务是不同的问题

C. 乙、丙的追逐行为使胡某处于孤立无援的境地，但无法预见甲会杀害胡某，不成立过失致人死亡罪

D. 乙、丙属寻衅滋事致人死亡，应从重处罚

2. 首要分子甲通过手机指令所有参与者"和对方打斗时，下手重一点"。在聚众斗殴过程中，被害人被谁的行为重伤致死这一关键事实已无法查明。关于本案的分析，下列哪一选项是正确的？

A. 对甲应以故意杀人罪定罪量刑

B. 甲是教唆犯，未参与打斗，应认定为从犯

C. 所有在现场斗殴者都构成故意杀人罪

D. 对积极参加者按故意杀人罪定罪，对其他参加者按聚众斗殴罪定罪

要点提炼

3.《刑法》第310条第1款规定了窝藏、包庇罪，第2款规定："犯前款罪，事前通谋的，以共同犯罪论处。"《刑法》第312条规定了掩饰、隐瞒犯罪所得罪，但没有规定"事前通谋的，以共同犯罪论处"。关于上述规定，下列哪一说法是正确的？

A. 若事前通谋之罪的法定刑低于窝藏、包庇罪的法定刑，即使事前通谋的，也应以窝藏、包庇罪论处

B. 即使《刑法》第310条没有第2款的规定，对于事前通谋事后窝藏、包庇的，也应以共同犯罪论处

C. 因缺乏明文规定，事前通谋事后掩饰、隐瞒犯罪所得的，不能以共同犯罪论处

D. 事前通谋事后掩饰、隐瞒犯罪所得的，属于想象竞合，应从一重罪处罚

4. 甲杀丙后潜逃。为干扰侦查，甲打电话让乙将一把未留有指纹的斧头粘上丙的鲜血放到现场。乙照办后报案称，自己看到"凶手"杀害了丙，并描述了与甲相貌特征完全不同的"凶手"情况，导致公安机关长期未将甲列为嫌疑人。关于本案，下列哪一选项是错误的？

A. 乙将未留有指纹的斧头放到现场，成立帮助伪造证据罪

B. 对乙伪造证据的行为，甲不负刑事责任

C. 乙捏造事实诬告陷害他人，成立诬告陷害罪

D. 乙向公安机关虚假描述"凶手"的相貌特征，成立包庇罪

5. 甲的下列哪些行为成立帮助毁灭证据罪（不考虑情节）？

A. 甲、乙共同盗窃了丙的财物。为防止公安人员提取指纹，甲在丙报案前擦掉了两人留在现场的指纹

B. 甲、乙是好友。乙的重大贪污罪行被丙发现。甲是丙的上司，为防止丙作证，将丙派往境外工作

C. 甲得知乙放火致人死亡后未清理现场痕迹，便劝说乙回到现场毁灭证据

D. 甲经过犯罪嫌疑人乙的同意，毁灭了对乙有利的无罪证据

6. 关于毒品犯罪，下列哪些选项是正确的？

A. 甲容留未成年人吸食、注射毒品，构成容留他人吸毒罪

B. 乙随身携带藏有毒品的行李入关，被现场查获，构成走私毒品罪既遂

C. 丙乘广州至北京的火车运输毒品，快到武汉时被查获，构成运输毒品罪既遂

D. 丁以牟利为目的容留刘某吸食毒品并向其出卖毒品，构成容留他人吸毒罪和贩卖毒品罪，应数罪并罚

7. 关于毒品犯罪，下列哪些选项是正确的？

A. 甲无牟利目的，为江某代购仅用于吸食的毒品，达到非法持有毒品罪的数量标准。对甲应以非法持有毒品罪定罪

要点提炼

B. 乙为蒋某代购仅用于吸食的毒品，在交通费等必要开销之外收取了若干"劳务费"。对乙应以贩卖毒品罪论处

C. 丙与曾某互不知情，受雇于同一雇主，各自运输海洛因 500 克。丙将海洛因从一地运往另一地后，按雇主吩咐交给曾某，曾某再运往第三地。丙应对运输 1000 克海洛因负责

D. 丁盗窃他人 200 克毒品后，将该毒品出卖。对丁应以盗窃罪和贩卖毒品罪实行数罪并罚

8. 甲在强制戒毒所戒毒时，无法抗拒毒瘾，设法逃出戒毒所。甲径直到毒贩陈某家，以赊账方式买了少量毒品过瘾。后甲逃往乡下，告知朋友乙详情，请乙收留。乙让甲住下（事实一）。甲对陈某的毒品动起了歪脑筋，探知陈某将毒品藏在厨房灶膛内。某夜，甲先用毒包子毒死陈某的 2 条看门狗（价值 6000 元），然后翻进陈某院墙，从厨房灶膛拿走陈某 50 克纯冰毒（事实二）。甲拿出 40 克冰毒，让乙将 40 克冰毒和 80 克其他物质混合，冒充 120 克纯冰毒卖出（事实三）。

（1）关于事实一，下列选项正确的是：

A. 甲是依法被关押的人员，其逃出戒毒所的行为构成脱逃罪

B. 甲购买少量毒品是为了自吸，购买毒品的行为不构成犯罪

C. 陈某出卖毒品给甲，虽未收款，仍属于贩卖毒品既遂

D. 乙收留甲的行为构成窝藏罪

（2）关于事实二的判断，下列选项正确的是：

A. 甲翻墙入院从厨房取走毒品的行为，属于入户盗窃

B. 甲进入陈某厨房的行为触犯非法侵入住宅罪

C. 甲毒死陈某看门狗的行为是盗窃预备与故意毁坏财物罪的想象竞合

D. 对甲盗窃 50 克冰毒的行为，应以盗窃罪论处，根据盗窃情节轻重量刑

（3）关于事实三的判断，下列选项正确的是：

A. 甲让乙卖出冰毒应定性为甲事后处理所盗赃物，对此不应追究甲的刑事责任

B. 乙将 40 克冰毒掺杂、冒充 120 克纯冰毒卖出的行为，符合诈骗罪的构成要件

C. 甲、乙既成立诈骗罪的共犯，又成立贩卖毒品罪的共犯

D. 乙在冰毒中掺杂使假，不构成制造毒品罪

【专题练习答案及解析】

1. ABC。甲单独实施的故意杀死胡某的行为，构成故意杀人罪，甲与乙、丙在公园这一公共场所追逐胡某的行为，构成寻衅滋事罪。所以 A 正确；乙、丙追逐行为是否构成寻衅滋事罪是定性的问题，是否具有救助义务是追逐行为是否属于先行行为，构成不作为义务犯罪的义务来源问题，是不同的问题，因此 B 正确；乙、丙并不知道甲想杀死胡某的意图，也无法预见甲会杀害胡某，因此不能对此承担刑事责任，所以 C 正确；胡某死亡的结果与乙、丙的追逐行为不存在因果关系，因此二人无须对死亡结果负责，所以 D 错误。

2. A。《刑法》第 292 条第 2 款规定，聚众斗殴，致人重伤、死亡的，分别认定为故意伤害罪和故意杀人罪。从本案情况看，甲指令所有参与者"下手重一点"，说明其对于致人死亡的结果并不排斥，其思想上具备杀人的主观故意。因此要求甲对死亡结果负责符合主客观相一致的原则，应以故意杀人罪定罪量刑。至于其他参与者，由于不能查明被害人是被谁的行为重伤致死的，根据存疑有利于犯罪嫌疑人、被告人的原则，对于所有参与者都不能以故意杀人罪定罪。故 A 正确，CD 错误。甲虽然不是实行犯，未参与打斗，但其作为首要分子，对聚众斗殴行为的实施起决定作用，属于共同犯罪中的主犯而非从犯。B 错误。

3. B。事前通谋事后实施窝藏、包庇行为的，行为人与事前通谋之罪构成共同犯罪，应以事前通谋之罪论处。A 错误。即使《刑法》第 310 条没有第 2 款规定，对于事前通谋事后窝藏、包庇的，也应以共同犯罪论处。B 正确。事前通谋事后帮助实施掩饰、隐瞒犯罪所得的行为，应认定为事前通谋之罪的共同犯罪。C 错误。事前通谋事后掩饰、隐瞒犯罪所得的行为，成立事前通谋之罪的共同犯罪，应结合其共同犯罪中的责任承担刑事责任。D 错误。

4. C。帮助毁灭、伪造证据罪，是指在诉讼活动中，唆使、协助当事人隐匿、毁灭、伪造证据，情节严重的行为。诬告陷害罪，是指捏造事实，作虚假告发，意图陷害他人，使他人受刑事追究的行为。这里的他人，指所有真实存在的人。窝藏、包庇罪，是指明知是犯罪的人而为其提供隐藏处所、财物，帮助其逃匿或者作假证明包庇的行为。本案中，乙将未留有指纹的斧头放到现场冒充凶器，属于帮助伪造证据。甲指使乙实施该行为，但其目的在于帮助自己逃避法律追究，不属于唆使、协助当事人伪造证据，因此不对此承担刑事责任。AB 正确。乙捏造事实诬告陷害一个并非真实存在的人，不能成立诬告陷害罪。C 错误。乙向公安机关虚假描述凶手相貌的行为，属于作假证明包庇的行为，构成包庇罪。D 正确。

5. CD。帮助当事人毁灭、伪造证据，情节严重的，构成帮助毁灭、伪造证据罪。下列行为均属于帮助毁灭证据：第一，行为人单独为当事人毁灭证据；第二，行为人与当事人共同毁灭证据，这种情况下，行为人与当事人并不成立共犯；第三，行为人为当事人毁灭证据提供各种便利条件，这种情况下行为人不是帮助犯而是正犯；第四，行为人唆使当事人毁灭证据，这种情况下行为人不是教唆犯而是正犯。甲本人属于当事人，其毁灭证据的行为不构成帮助毁灭证据罪。甲实施的是阻止作证的行为，构成妨害作证罪而非帮助毁灭证据罪。甲劝说乙毁灭证据，构成帮助毁灭证据罪。帮助毁灭证据罪侵害的法益是国家的刑事诉讼秩序，当事人对此并无处分权限，乙的同意并不影响甲毁灭无罪证据的定性，其行为仍构成帮助毁灭证据罪。故应选 CD。

6. ABCD。《刑法》第 354 条规定："容留他人吸食、注射毒品的，处三年以下有期徒刑、拘役或者管制，并处罚金。"甲容留未成年人吸食、注射毒品，构成容留他人吸毒罪。A 正确。《刑法》第 347 条第 1 款规定："走私、贩卖、运输、制造毒品，无论数量多少，都应当追究刑事责任，予以刑事处罚。"B 正确。运输毒品是采用携带、邮寄、利用他人或者使用交通工具等方法在我国领域内转移毒品。C 正确。丁以牟利为目的容留刘某吸食毒品并向其出卖毒品的行为，同时构成容留他人吸毒罪和贩卖毒品罪，应数罪并罚。D 正确。

7. ABD。甲没有贩卖毒品的主观故意，其为江某代购毒品的行为过程中未谋取利益，且其代购的毒品系供江某吸食，因此其行为构成非法持有毒品罪而非贩卖毒品罪。A 正确。乙代购毒品过程中收取了"劳务费"，但具体以什么名义谋取利益并不重要，乙的行为实质上属于贩卖毒品获利的行为，乙构成贩卖毒品罪。B 正确。丙对于曾某运输 500 克海洛因的行为并不知情，按照共同犯罪理论和主客观相一致的原则，不能要求丙对曾某运输的 500 克承担刑事责任。C 错误。盗窃毒品又贩卖的行为构成盗窃罪和贩卖毒品罪，应当数罪并罚。D 正确。

8.（1）BC。脱逃罪是指依法被关押的罪犯、被告人、犯罪嫌疑人脱逃的行为。其主体仅限于被关押的罪犯、被告人和犯罪嫌疑人。甲属于强制戒毒人员，其逃离戒毒所的行为不构成脱逃罪。A 错误。为出售而购买毒品的行为构成贩卖毒品罪，甲为了自己吸食，购买毒品的行为不构成犯罪。B 正确。贩卖毒品罪以毒品交付为既遂标志。陈某出卖毒品给甲，甲采取赊账方式，陈某未及时获取钱款并不影响贩卖毒品罪成立犯罪既遂。C 正确。由于甲不构成犯罪，所以乙收留甲的行为也并不构成窝藏罪。D 错误。

（2）ABCD。甲翻墙入院并进入陈某厨房窃取毒品，属于典型的"入户盗窃"。该行为同时也符合非法侵入住宅罪的犯罪构成，属于一行为触犯数罪名，应当以盗窃罪定罪处罚。AB 正确。甲毒死陈某家看门狗的行为同时符合盗窃罪犯罪预备的犯罪构成和故意毁坏财物罪的犯罪构成，属于一行为触犯数罪名，构成想象竞合。C 正确。盗窃毒品等违禁品的行为同样属于盗窃公私财物，构成盗窃罪。D 正确。

（3）BCD。甲让乙卖出冰毒的行为构成贩卖毒品罪的共同犯罪。甲盗窃毒品后如果用于吸食，不另行构成犯罪。但其将盗窃的毒品贩卖给他人，又侵害了新的法益，应当另行定罪。A 错误。乙将掺入其他杂质的冰毒冒充纯冰毒贩卖，属于虚构事实、隐瞒真相，并使他人基于错误认识支付与产品不相称的钱款，其行为已构成诈骗罪。甲向乙提供毒品并对此知情，已构成诈骗罪的共同犯罪。同时甲乙的行为还构成贩卖毒品罪的共同犯罪。BC 正确。乙只是在冰毒中掺杂使假，与《刑法》意义上制造毒品的行为相去甚远，不构成制造毒品罪。D 正确。应选 BCD。

专题十四　贪污贿赂罪

考点 58　贪污罪

(一) 贪污罪与盗窃罪、诈骗罪的界限

这三种犯罪都是以非法占有财物为目的的犯罪，犯罪手段也有相同之处。它们的主要区别在于：

	贪污罪	盗窃罪	诈骗罪
主体方面	特殊主体	一般主体	一般主体
客体方面	公共财物	公私财物	公私财物
客观方面	窃取、骗取公共财物的行为是利用职务上的便利实施的。	没有这个要求	没有这个要求

(二) 贪污罪与职务侵占罪的界限

这两种犯罪都有利用职务上的便利非法占有财物的特点，犯罪手段都是采用侵吞、窃取、骗取等方式。它们的主要区别在于：

	贪污罪	职务侵占罪
主体方面	国家工作人员	公司、企业或者其他单位的人员
客体方面	公共财物所有权	单位财物的所有权
犯罪对象	公共财物	本单位的公私财物
发生时间	执行公共事务过程中	执行职务的过程中

（三）贪污罪与职务侵占罪的共同犯罪

种类	情形	定罪
利用一个人的职务便利	行为人与国家工作人员勾结，利用国家工作人员的职务便利，共同非法占有公共财物。	贪污罪。
	行为人与公司、企业或者其他单位的人员勾结，利用公司、企业或者其他单位的人员的职务便利，非法占有该单位财物，数额较大。	职务侵占罪。
分别利用职务便利	国家工作人员与非国家工作人员，分别利用职务便利，共同非法占有公共财物。	按照主犯的犯罪性质定罪。
	国家工作人员与非国家工作人员，分别利用职务便利，共同非法占有公共财物，但各共同犯罪人在共同犯罪中的地位、作用相当，难以区分主从犯的。	贪污罪。

考点 59　受贿罪与利用影响力受贿罪

	受贿罪	利用影响力受贿罪	
主体	国家工作人员。	国家工作人员的近亲属或者关系密切的人。	离职的国家工作人员或者其近亲属以及关系密切的人。
行为	（1）利用职务便利，索取财物；（2）利用职务便利，收受财物，为他人谋取利益。	通过该国家工作人员职务上的行为，或者利用该国家工作人员职权或者地位形成的便利条件，通过其他国家工作人员职务上的行为，为请托人谋取不正当利益，索取请托人财物或者收受请托人财物。数额较大或者有其他较重情节的。	利用该离职的国家工作人员原职权或者地位形成的便利条件实施的左边所述行为。

★ 说明：对象限定为财物，不包括非财产性利益。性贿赂不能认定为受贿罪。

如果没有事先约定，在职时利用职务便利为请托人谋取利益，而在退休后收受原请托人财物，不是受贿罪。

与国家工作人员没有财产共有关系的人和其相互勾结，促使行贿人向其行贿，但没有与其共同占有贿赂财物的，不能以受贿罪共犯认定。

考点 60 挪用公款罪

（一）挪用公款罪与贪污罪的界限

	挪用公款罪	贪污罪
行为目的	以暂时非法占用公款为目的。	是以永久非法占有公共财物为目的。
行为方式	表现为擅自私用公款。	一般表现为侵吞、窃取、骗取的手段。
侵害对象	结果是使公款的占有权、使用权、收益权受到暂时损害，所有人并不丧失公款的所有权。	结果是使公共财产所有权的全部权能受到彻底损害，给公共财产造成无法弥补的损失。

（二）挪用公款罪与挪用特定款物罪、挪用资金罪的界限

如果挪用特定款物归个人使用，就不再属于挪用特定款物罪，而是构成挪用公款罪。

	挪用公款罪	挪用特定款物罪	挪用资金罪
目的用途	以归个人使用为目的，即挪作私用。	以用于其他公用为目的，即挪作他用（如果挪用特定款物归个人使用，构成挪用公款罪）。	以归个人使用为目的。
主体	国家工作人员及以国家工作人员论的人员。	国家工作人员及以国家工作人员论的人员。	公司、企业或其他单位的工作人员。
犯罪对象	公款。	特定款物。	挪用本单位的资金。

考点 61 行贿罪

概念	为谋取不正当利益，给予国家工作人员以财物的行为。
成立要件	（1）主体：自然人。如果是单位，构成单位行贿罪； （2）行为：为谋取不正当利益，给予国家工作人员以财物；

续表

	(3) 主观：故意，要求"为了谋取不正当利益"。不正当利益不限于非法利益，获取不公平的竞争优势也属于不正当利益。
认定问题	(1) 因被勒索给予国家工作人员以财物，没有获得不正当利益的，不是行贿； (2) 行贿数额在 3 万元以上，追究刑事责任； (3) 行贿人在被追诉前主动交代行贿行为的，可以从轻或者减轻处罚。犯罪较轻的，对侦破重大案件起关键作用的，或者有重大立功表现的，可以减轻或免除处罚。

【专题练习】

1. 国有甲公司领导王某与私企乙公司签订采购合同，以 10 万元的价格向乙公司采购一批设备。后王某发现，丙公司销售的相同设备仅为 6 万元。王某虽有权取消合同，但却与乙公司老总刘某商议，由王某花 6 万元从丙公司购置设备交给乙公司，再由乙公司以 10 万元的价格卖给甲公司。经王某签字批准，甲公司将 10 万元货款支付给乙公司后，刘某再将 10 万元返给王某。刘某为方便以后参与甲公司采购业务，完全照办。关于本案的分析，下列哪一选项是正确的？

A. 王某利用职务上的便利套取公款，构成贪污罪，贪污数额为 10 万元

B. 王某利用与乙公司签订合同的机会谋取私利，应以职务侵占罪论处

C. 刘某为谋取不正当利益，事后将货款交给王某，刘某行为构成贪污罪

D. 刘某协助王某骗取公款，但因其并非国家工作人员，故构成诈骗罪

2. 甲送给国有收费站站长吴某 3 万元，与其约定：甲在高速公路另开出口帮货车司机逃费，吴某想办法让人对此不予查处，所得由二人分成。后甲组织数十人，锯断高速公路一侧隔离栏、填平隔离沟（恢复原状需 3 万元），形成一条出口。路过的很多货车司机知道经过收费站要收 300 元，而给甲 100 元即可绕过收费站继续前行。甲以此方式共得款 30 万元，但骗吴某仅得 20 万元，并按此数额分成。围绕吴某的行为，下列论述正确的是：

A. 利用职务上的便利侵吞本应由收费站收取的费用，成立贪污罪

B. 贪污数额为 30 万元

C. 收取甲 3 万元，利用职务便利为甲谋利益，成立受贿罪

D. 贪污罪与受贿罪成立牵连犯，应从一重罪处断

3. 关于贪污罪的认定，下列哪些选项是正确的？

A. 国有公司中从事公务的甲，利用职务便利将本单位收受的回扣据为己有，数额较

大。甲的行为构成贪污罪

B. 土地管理部门的工作人员乙，为农民多青苗数，使其从房地产开发商处多领取 20 万元补偿款，自己分得 10 万元。乙的行为构成贪污罪

C. 村民委员会主任丙，在协助政府管理土地征用补偿费时，利用职务便利将其中数额较大款项据为己有。丙的行为构成贪污罪

D. 国有保险公司工作人员丁，利用职务便利编造未发生的保险事故进行虚假理赔，将骗取的 5 万元保险金据为己有。丁的行为构成贪污罪

4. 根据《刑法》与司法解释的规定，国家工作人员挪用公款进行营利活动、数额达到 1 万元或者挪用公款进行非法活动、数额达到 5000 元的，以挪用公款罪论处。国家工作人员甲利用职务便利挪用公款 1.2 万元，将 8000 元用于购买股票，4000 元用于赌博，在 1 个月内归还 1.2 万元。关于本案的分析，下列哪些选项是错误的？

A. 对挪用公款的行为，应按用途区分行为的性质与罪数；甲实施了两个挪用行为，对两个行为不能综合评价，甲的行为不成立挪用公款罪

B. 甲虽只实施了一个挪用公款行为，但由于既未达到挪用公款进行营利活动的数额要求，也未达到挪用公款进行非法活动的数额要求，故不构成挪用公款罪

C. 国家工作人员购买股票属于非法活动，故应认定甲属于挪用公款 1.2 万元进行非法活动，甲的行为成立挪用公款罪

D. 可将赌博行为评价为营利活动，认定甲属于挪用公款 1.2 万元进行营利活动，故甲的行为成立挪用公款罪

5. 关于受贿罪，下列哪些选项是正确的？

A. 国家工作人员明知其近亲属利用自己的职务行为受贿的，构成受贿罪

B. 国家工作人员虚假承诺利用职务之便为他人谋利，收取他人财物的，构成受贿罪

C. 国家机关工作人员实施渎职犯罪并收受贿赂，同时构成渎职罪和受贿罪的，除《刑法》有特别规定外，以渎职罪和受贿罪数罪并罚

D. 国家工作人员明知他人有请托事项而收受其财物，视为具备"为他人谋取利益"的构成要件，是否已实际为他人谋取利益，不影响受贿的认定

6. 国家工作人员甲听到有人敲门，开门后有人扔进一个包就跑。甲发现包内有 20 万元现金，推测是有求于自己职务行为的乙送的。甲打电话问乙时被告知"不要问是谁送的，收下就是了"（事实上是乙安排丙送的），并重复了前几天的请托事项。甲虽不能确定是乙送的，但还是允诺为乙谋取利益。关于本案，下列哪一选项是正确的？

A. 甲没有主动索取、收受财物，不构成受贿罪

B. 甲没有受贿的直接故意，间接故意不可能构成受贿罪，故甲不构成受贿罪

C. 甲允诺为乙谋取利益与收受 20 万元现金之间无因果关系，故不构成受贿罪

要点提炼

D. 即使认为甲不构成受贿罪，乙与丙也构成行贿罪

7. 关于受贿相关犯罪的认定，下列哪些选项是正确的？

A. 甲知道城建局长张某吸毒，以提供海洛因为条件请其关照工程招标，张某同意。甲中标后，送给张某 50 克海洛因。张某构成受贿罪

B. 乙系人社局副局长，乙父让乙将不符合社保条件的几名亲戚纳入社保范围后，收受亲戚送来的 3 万元。乙父构成利用影响力受贿罪

C. 国企退休厂长王某（正处级）利用其影响，让现任厂长帮忙，在本厂推销保险产品后，王某收受保险公司 3 万元。王某不构成受贿罪

D. 法院院长告知某企业经理赵某"如给法院捐赠 500 万元办公经费，你们那个案件可以胜诉"。该企业胜诉后，给法院单位账户打入 500 万元。应认定法院构成单位受贿罪

8. 国家工作人员甲与民办小学教师乙是夫妻。甲、乙支出明显超过合法收入，差额达 300 万元。甲、乙拒绝说明财产来源。一审中，甲交代 300 万元系受贿所得，经查证属实。关于本案，下列哪些选项是正确的？

A. 甲构成受贿罪　　　　　　　　　　B. 甲不构成巨额财产来源不明罪

C. 乙不构成巨额财产来源不明罪　　　D. 乙构成掩饰、隐瞒犯罪所得罪

【专题练习答案及解析】

1. C。王某作为国有公司的领导，属于国有公司中从事公务的人员，其通过签订虚假合同骗取公款的行为，不构成职务侵占罪，应构成贪污罪。贪污的数额应扣除设备实际款项6万元，认定为4万元。AB错误。刘某在王某的贪污犯罪行为中起帮助作用，刘某虽非国家工作人员，但其协助王某骗取国有公司公款的行为应认定为贪污罪共同犯罪。C正确，D错误。

2. ABC。本案中甲和吴某利用吴某职务上的便利侵吞本应由收费站收取的费用，构成贪污罪的共同犯罪。A正确。根据共同犯罪"部分行为全部责任"的理论，尽管吴某误以为贪污数额为20万元，也需对贪污的所有30万元数额承担刑事责任。B正确。吴某收取甲3万元的行为另行构成受贿罪，其受贿行为与二人的贪污行为构成手段行为与目的行为的牵连犯。对于受贿后又犯其他犯罪的，除几种法定情形外，原则上均应数罪并罚。因此本案中对吴某应以贪污罪和受贿罪数罪并罚。C正确，D错误。

3. ACD。A中的甲属于国有公司中从事公务的人员，利用职务便利将本单位收受的回扣据为己有的，成立贪污罪，因此A正确；B中的乙虽然是国家工作人员，不过是从房地产开发商处多领取20万元补偿款，自己分得10万元，而非公共财产，因此不能以贪污罪论处，B错误；C中丙作为村民委员会主任在协助政府管理土地征用补偿费时，利用职务上的便利贪污公共财产的，以贪污罪论处，C正确；保险公司工作人员编造未发生的保险事故进行虚假理赔，骗取保险金的构成职务侵占罪，如果该保险公司是国有公司，那么该行为就应当以贪污罪论处，D正确。

4. ABC。根据法律和司法解释规定，国家工作人员如果挪用公款进行营利活动，则数额达到1万元即可构成挪用公款罪；如果挪用公款进行非法活动，则数额达到5000元即可构成挪用公款罪。可见，挪用公款进行非法活动的入罪门槛更低。这是因为挪用公款进行非法活动比挪用公款进行营利活动性质更恶劣。甲购买股票的行为属于营利活动而不是非法活动，赌博的行为则属于非法活动，对于甲这次挪用的行为应当综合评价。如果将非法活动评价为营利活动，并将数额相累加，不会对行为人的行为造成不利评价，也未超出国民的预测可能性，是符合法律精神的。因此，可将赌博行为评价为营利活动，认定甲挪用公款1.2万元进行营利活动，进而认定挪用公款罪。D正确，ABC错误。故应选ABC。

5. ABCD。国家工作人员明知其近亲属利用自己的职务行为受贿的，构成受贿罪。其近亲属的行为构成利用影响力受贿罪。A正确。国家工作人员具有为他人谋取利益的职权或职务条件，在他人有求于自己的职务行为时，并不打算为他人谋取利益但收受财物后作虚假承诺，导致财物与所许诺的职务行为之间形成了对价关系，构成受贿罪。B正确。国家机关工作人员实施渎职犯罪时收受贿赂同时构成渎职罪和受贿罪的行为属于侵犯不同法益的不同行为，除刑法有特别规定外，应该按照渎职罪和受贿罪数罪并罚。C正确。国家工作人员明知他人有请托事项而收受其财物，视为具备"为他人谋取利益"的构成要件，至于事后是否已实际为他人谋取利益，不影响受贿的认定。D正确。

6. D。本案中，尽管甲没有主动索取财物，但受贿罪的成立本来也不需要主动索取贿赂。至于甲发现包内现金后选择收下的行为是否构成受贿罪需要根据本案的具体情况作细致分析。A 错误。间接故意同样可以构成受贿罪。B 错误。甲给乙打电话确认，说明甲已经猜测到可能是乙所送，乙也并没有否认，很难认定甲允诺为乙谋取利益与收到 20 万元之间没有因果关系。C 错误。尽管在认定甲行为性质时存在疑难，但乙和丙向甲行贿的行为和主观故意非常清楚，应当认定乙和丙构成行贿罪。D 正确。

7. **ABCD**。受贿罪是指国家工作人员利用职务上的便利，索取他人财物或者非法收受他人财物，为他人谋取利益的行为。A 中，张某作为城建局长，甲以提供海洛因为条件请张某关照工程招标，张某同意，并且利用自己职务便利让甲中标，并收受甲提供的 50 克海洛因，符合受贿罪的犯罪构成，因此 A 正确。根据我国《刑法》第 388 条之一的规定，利用影响力受贿罪是指国家工作人员的近亲属或者其他与该国家工作人员关系密切的人，通过该国家工作人员职务上的行为，或者利用该国家工作人员职权或者地位形成的便利条件，通过其他国家工作人员职务上的行为，为请托人谋取不正当利益，索取请托人财物或者收受请托人财物，数额较大或者有其他较重情节的行为。B 中，乙父利用乙系人社局副局长的职权，将不符合条件的亲戚纳入社保，并收受现金的行为，符合利用影响力受贿罪的犯罪构成，因此 B 正确。C 中，王某已经退休，不再属于国家工作人员，由于主体不适格，其通过现任厂长为他人谋取利益并接受财物的行为不构成受贿罪，而可能构成利用影响力受贿罪。因此 C 正确。单位受贿罪是指国家机关、国有公司、企业、事业单位、人民团体，索取、非法收受他人财物，为他人谋取利益，情节严重的行为。由于法院院长是法院的直接负责人，因此院长向某企业经理索要贿赂，最终钱款 500 万元打入法院单位账户，符合单位受贿罪的犯罪构成，因此 D 正确。故，本题正确答案为 ABCD。

8. **ABC**。巨额财产来源不明罪是指国家工作人员的财产或者支出明显超过合法收入，差额巨大，本人不能说明其来源是合法的行为。非国家工作人员不能成为本罪主体。乙是民办小学的教师，是非国家工作人员，因此不构成巨额财产来源不明罪，因此 C 正确。《刑法》第 395 条规定，国家工作人员的财产、支出明显超过合法收入，差额巨大的，可以责令该国家工作人员说明来源，不能说明来源的，差额部分以非法所得论。其中，"非法所得"是指行为人的全部财产与能够认定的所有支出的总和减去能够证实的有真实来源的所得。即巨额财产来源不明罪中计算非法所得数额的公式应为：非法所得数额＝财产+支出−合法收入及非法收入。本案中，在一审中甲明确说明来源系受贿所得，且经查证属实。因此，对该钱款应以受贿论处，而不能以巨额财产来源不明罪论处。因此，AB 正确。根据《刑法》第 312 条的规定，掩饰、隐瞒犯罪所得罪客观方面包括"窝藏、转移、收购、代为销售或者以其他方法掩饰、隐瞒"的行为，本案中乙仅仅是拒绝说明财产来源，并没有采取具体的方法掩饰、隐瞒犯罪所得，不符合该罪的构成要件，因此，D 错误。综上，本题正确答案为 ABC。

专题十五　渎 职 罪

考点 62　滥用职权罪和玩忽职守罪

滥用职权罪	行为主体	国家机关工作人员，是指在国家机关中从事公务的人员，包括在各级国家权力机关、行政机关、监察机关、司法机关和军事机关中从事公务的人员。在依照法律、法规规定行使国家行政管理职权的组织中从事公务的人员，或者在受国家机关委托代表国家行使职权的组织中从事公务的人员，或者虽未列入国家机关人员编制但在国家机关中从事公务的人员，在代表国家机关行使职权时，视为国家机关工作人员。在乡（镇）以上中国共产党机关、人民政协机关中从事公务的人员，视为国家机关工作人员。非国家机关工作人员滥用职权，致使公共财产、国家和人民利益遭受重大损失的，依性质与情节可能构成其他犯罪，不成立本罪。
	行为方式	(1) 故意不正确履行职责。 (2) 擅自决定或处理没有具体决定、处理权限的事项。 (3) 故意不履行应当履行的职责，或者说任意放弃职责。 (4) 以权谋私、假公济私，不正确地履行职责。
	主观罪过	故意。
	认定与处罚	(1) 滥用职权的行为同时触犯故意伤害、故意杀人、侵犯财产等罪的犯罪构成时，属于典型的想象竞合犯，应当从一重罪论处。国家机关工作人员滥用职权以作为方式杀害他人的，应以故意杀人罪论处。 (2) 法条竞合：渎职罪一章规定了许多具体的滥用职权的犯罪，与滥用职权罪属于特殊法条与一般法条的关系，一个行为同时构成两罪时，优先适用特殊法条。
玩忽职守罪	行为主体	国家机关工作人员。
	行为方式	(1) 擅离职守，不履行职责的行为。 (2) 不正确履行职责的行为，是指在履行职责的过程中，违反职责规定，马虎草率、粗心大意。

玩忽职守罪	主观罪过	过失。
	程度要求	玩忽职守行为，只有致使公共财产、国家和人民利益遭受重大损失的，才成立犯罪。

考点 63　徇私枉法罪

行为主体	司法工作人员，是指有侦查、检察、审判、监管职责的工作人员。
行为方式	（1）使无罪变有罪：对明知是无罪的人而使他受追诉。 （2）使有罪变无罪：对明知是有罪的人而故意包庇不使他受追诉。 （3）在刑事审判活动中故意违背事实和法律，作出枉法判决、裁定，包括无罪判有罪、有罪判无罪以及重罪轻判、轻罪重判。
责任形式	故意，包括直接故意与间接故意，并出于徇私、徇情动机。过失不能成立本罪，过失导致无罪的人受追诉或有罪的人未被追诉的，可成立玩忽职守罪。
本罪的认定	《刑法》第399条第4款规定："司法工作人员收受贿赂，有前三款行为的，同时又构成本法第三百八十五条规定之罪的，依照处罚较重的规定定罪处罚。"原则上，司法工作人员收受贿赂，又实施其他犯罪行为的，应数罪并罚。本款属于例外规定，即该款将原本属于数罪并罚的情形拟制为一罪。

考点 64　徇私舞弊不移交刑事案件罪

概念	本罪是指行政执法人员徇私舞弊，对依法应当移交司法机关追究刑事责任的不移交，情节严重的行为。
	对依法应当移交司法机关追究刑事责任的不移交是指行政执法人员在查处违法案件的过程中，发现行为构成犯罪应当进行刑事追诉，但不将案件移送司法机关处理。至于行为人是将案件作为一般违法行为处理，还是不作任何处理，一般不影响本罪的成立。
	徇私舞弊是指为徇私利私情而舞弊。本罪中的"舞弊"是对"依法应当移交司法机关追究刑事责任的不移交"的同位语，只要"对依法应当移交司法机关追究刑事责任的不移交"就属于"舞弊"，除此之外不再需要其他客观行为（如积极弄虚作假）。

	必须是行政执法人员，即依法具有执行行政法职权的行政机关工作人员。
主体	本罪与徇私枉法罪中"明知是有罪的人而故意包庇不使他受追诉"的行为有相似之处，两罪的明显区别在于行为主体不同：本罪主体是行政执法人员，而徇私枉法罪的主体是司法工作人员。需要注意的是公安机关工作人员的性质，若其为对犯罪负有侦查职责的人员，则是司法工作人员；若其为负责行政法实施的人员，则是行政执法人员。如公安人员在治安执法过程中，明知他人的赌博行为已构成犯罪，应当移交公安机关的侦查部门进行侦查，但徇私舞弊不移交，仅给予治安处罚的，就构成本罪；反之，刑事犯罪的侦查人员遇到犯罪嫌疑人是自己的亲友，而故意包庇不使其受追诉，擅自不作为刑事案件处理的，成立徇私枉法罪。
主观方面	故意，行为人必须明知案件应当移交司法机关追究刑事责任而故意不移交。因法律水平不高、事实掌握不全而过失不移交的，不构成本罪。
提示	行政执法人员索取、收受贿赂，不移交刑事案件，分别构成受贿罪和本罪的，应当实行数罪并罚。犯本罪的，根据《刑法》第402条的规定处罚。

考点 65　渎职罪其他罪名

民事、行政枉法裁判罪	（1）行为主体：司法工作人员。 （2）民事、行政审判不是指狭义的审判活动，而是指民事、行政诉讼过程。 （3）成立本罪要求情节严重。
私放在押人员罪	（1）行为主体：司法工作人员。 （2）行为对象：依法被关押的犯罪嫌疑人、被告人或者罪犯。 注意：被行政拘留、司法拘留的人员，不属于本罪对象。
徇私舞弊不征、少征税款罪	（1）行为主体：税务机关工作人员。 （2）责任形式为故意，且具有徇私动机。过失不征、少征税款，致使国家利益遭受重大损失的，可以玩忽职守罪论处。
放纵走私罪	（1）行为主体：海关工作人员。 （2）成立本罪要求情节严重。

续表

不解救被拐卖、绑架妇女、儿童罪	（1）行为主体：负有解救职责的国家机关工作人员。 （2）本条中的"被拐卖的妇女、儿童"是指拐卖过程中以及拐卖后被收买的妇女、儿童。 （3）本罪属于真正的不作为犯。
帮助犯罪分子逃避处罚罪	（1）行为主体：负有查禁犯罪活动职责的人员。 （2）行为对象：犯罪分子。

要点提炼

【专题练习】

1. 关于渎职罪，下列哪些选项是正确的？

A. 省渔政总队验船师郑某，明知有 8 艘渔船存在套用船号等问题，按规定应注销，却为船主办理船检证书，船主领取国家柴油补贴 640 万元。郑某构成滥用职权罪

B. 刑警曾某办理冯某抢劫案，明知冯某被取保候审后未定期到派出所报到，曾某也未依法传唤冯某或将案件移送起诉或变更强制措施。期间，冯某再次犯罪。曾某构成徇私枉法罪

C. 律师于某担任被告人马某的辩护人，从法院复印马某贪污案的案卷材料，允许马某亲属朱某查阅。朱某随后游说证人，使数名证人向于某出具了虚假证明材料。于某构成故意泄露国家秘密罪

D. 公安局协警闫某，在协助抓捕行动中，向领导黑社会性质组织的李某通风报信，导致李某等主要犯罪分子潜逃。闫某构成帮助犯罪分子逃避处罚罪

2. 关于渎职犯罪，下列哪些选项是正确的？

A. 县财政局副局长秦某工作时擅离办公室，其他办公室人员操作电炉不当，触电身亡并引发大火将办公楼烧毁。秦某触犯玩忽职守罪

B. 县卫计局执法监督大队队长武某，未能发现何某在足疗店内非法开诊所行医，该诊所开张三天即造成一患者死亡。武某触犯玩忽职守罪

C. 负责建房审批工作的干部柳某，徇情为拆迁范围内违规修建的房屋补办了建设许可证，房主凭此获得补偿款 90 万元。柳某触犯滥用职权罪

D. 县长郑某擅自允许未经环境评估的水电工程开工，导致该县水域内濒危野生鱼类全部灭绝。郑某触犯滥用职权罪

3. 丙实施抢劫犯罪后，分管公安工作的副县长甲滥用职权，让侦办此案的警察乙想办法使丙无罪。乙明知丙有罪，但为徇私情，采取毁灭证据的手段使丙未受追诉。关于本案的分析，下列哪些选项是正确的？

 要点提炼

A. 因甲是国家机关工作人员，故甲是滥用职权罪的实行犯

B. 因甲居于领导地位，故甲是徇私枉法罪的间接正犯

C. 因丙实施了两个实行行为，故应实行数罪并罚

D. 乙的行为同时触犯徇私枉法罪与帮助毁灭证据罪、滥用职权罪，但因只有一个行为，应以徇私枉法罪论处

【专题练习答案及解析】

1. AD。滥用职权罪是指国家机关工作人员故意逾越职权，不按或违反法律决定、处理其无权决定、处理的事项，或者违反规定处理公务，致使公共财产、国家和人民利益遭受重大损失的行为。省渔政总队验船师郑某的行为违反国家规定，造成了国家财产的重大损失，构成滥用职权罪。A 正确。刑警曾某作为司法工作人员，明知被取保候审的犯罪嫌疑人违反相关规定，应将案件移送起诉或变更强制措施而未移送起诉或变更强制措施，使犯罪嫌疑人未及时受到追诉的行为属于一般的玩忽职守行为，不构成徇私枉法罪。B 错误。故意泄露国家秘密罪是指国家机关工作人员违反国家保密法律规定，故意泄露国家秘密，情节严重的行为。律师于某作为马某的辩护人，不具有国家机关工作人员的身份，于某在担任辩护人期间，将通过合法手续获取的案卷材料让当事人亲属查阅，不构成故意泄露国家秘密罪。C 错误。帮助犯罪分子逃避处罚罪是指有查禁犯罪活动职责的国家机关工作人员，向犯罪分子通风报信、提供便利，帮助犯罪分子逃避处罚的行为。闫某为协警，属于依法从事公务的人员，其通风报信的行为构成帮助犯罪分子逃避处罚罪。D 正确。

2. CD。县财政局副局长秦某擅离办公室的行为与其他办公室人员操作电炉不当的行为没有因果关系，且防止他人操作电炉也不属于县财政局副局长的工作职责，因此不能认定秦某构成犯罪。A 错误。武某作为县卫计局执法监督大队队长，防止他人非法行医是其职责所在，但何某刚刚开始非法行医 3 天即造成严重后果，无法认定武某严重不负责任，武某不构成玩忽职守罪。B 错误。负责建房审批的柳某为他人违规补办建设许可证，属于典型的滥用职权行为，最终造成国家损失，构成滥用职权罪。C 正确。郑某作为县里的一把手，擅自允许不符合制度要求的水电工程开工，属于滥用职权行为，造成严重损失，已构成滥用职权罪。D 正确。

3. AD。滥用职权罪是指国家机关工作人员不法行使职务上的权限，致使公共财产、国家和人民利益遭受重大损失的行为。甲和乙的行为均构成滥用职权罪，均为滥用职权罪的实行犯。徇私枉法罪是指司法工作人员徇私枉法、徇情枉法，对明知是无罪的人而使他受追诉、对明知是有罪的人而故意包庇不使他受追诉，或者在刑事审判活动中故意违背事实和法律作枉法裁判的行为。乙的行为除构成滥用职权罪外，同时还满足帮助毁灭证据罪、徇私枉法罪的构成要件，属于一行为触犯数罪名，应当从一重罪即以徇私枉法罪论处。甲只实施了一个行为，该行为同时触犯滥用职权罪与徇私枉法罪，应当从一重罪论处，不应数罪并罚。因此，AD 正确，BC 错误。

主观试题

试题一

案情：甲与余某有一面之交，知其孤身一人。某日凌晨，甲携匕首到余家盗窃，物色一段时间后，未发现可盗财物。此时，熟睡中的余某偶然大动作翻身，且口中念念有词。甲怕被余某认出，用匕首刺死余某，仓皇逃离。（事实一）

逃跑中，因身上有血迹，甲被便衣警察程某盘查。程某上前拽住甲的衣领，试图将其带走。甲怀疑遇上劫匪，与程某扭打。甲的朋友乙开黑车经过此地，见状停车，和甲一起殴打程某。程某边退边说："你们不要乱来，我是警察。"甲对乙说："别听他的，假警察该打。"程某被打倒摔成轻伤。（事实二）

司机谢某见甲、乙打人后驾车逃离，对乙车紧追。甲让乙提高车速并走"蛇形"，以防谢某超车。汽车开出 2 公里后，乙慌乱中操作不当，车辆失控撞向路中间的水泥隔离墩。谢某刹车不及撞上乙车受重伤。赶来的警察将甲、乙抓获。（事实三）

在甲、乙被起诉后，甲父丙为使甲获得轻判，四处托人，得知丁的表兄刘某是法院刑庭庭长，遂托丁将 15 万元转交刘某。丁给刘某送 15 万元时，遭到刘某坚决拒绝。（事实四）

丁告知丙事情办不成，但仅退还丙 5 万元，其余 10 万元用于自己炒股。在甲被定罪判刑后，无论丙如何要求，丁均拒绝退还余款 10 万元。丙向法院自诉丁犯有侵占罪。（事实五）

问题：

1. 就事实一，对甲的行为应当如何定性？理由是什么？

2. 就事实二，对甲、乙的行为应当如何定性？理由是什么？

3. 就事实三，甲、乙是否应当对谢某重伤的结果负责？理由是什么？

4. 就事实四，丁是否构成介绍贿赂罪？是否构成行贿罪（共犯）？是否构成利用影响力受贿罪？理由分别是什么？

5. 就事实五，有人认为丁构成侵占罪，有人认为丁不构成侵占罪。你赞成哪一观点？具体理由是什么？

要点提炼

试题二

案情： 国有化工厂车间主任甲与副厂长乙（均为国家工作人员）共谋，在车间的某贵重零件仍能使用时，利用职务之便，制造该零件报废、需向五金厂（非国有企业）购买的假象（该零件价格 26 万元），以便非法占有货款。甲将实情告知五金厂负责人丙，嘱丙接到订单后，只向化工厂寄出供货单、发票而不需要实际供货，等五金厂收到化工厂的货款后，丙再将 26 万元货款汇至乙的个人账户。

丙为使五金厂能长期向化工厂供货，便提前将五金厂的 26 万元现金汇至乙的个人账户。乙随即让事后知情的妻子丁去银行取出 26 万元现金，并让丁将其中的 13 万元送给甲。3 天后，化工厂会计准备按照乙的指示将 26 万元汇给五金厂时，因有人举报而未汇出。甲、乙见事情败露，主动向检察院投案，如实交代了上述罪行，并将 26 万元上交检察院。

此外，甲还向检察院揭发乙的其他犯罪事实：乙利用职务之便，长期以明显高于市场的价格向其远房亲戚戊经营的原料公司采购商品，使化工厂损失近 300 万元；戊为了使乙长期关照原料公司，让乙的妻子丁未出资却享有原料公司 10% 的股份（乙、丁均知情），虽未进行股权转让登记，但已分给红利 58 万元，每次分红都是丁去原料公司领取现金。

问题：

请分析甲、乙、丙、丁、戊的刑事责任（包括犯罪性质、犯罪形态、共同犯罪、数罪并罚与法定量刑情节），须答出相应理由。

试题三

案情： 高某（男）与钱某（女）在网上相识，后发展为网恋关系，其间，钱某知晓了高某一些隐情，并以开店缺钱为由，骗取了高某 20 万元现金。

见面后，高某对钱某相貌大失所望，相处不久更感到她性格古怪，便决定断绝关系。但钱某百般纠缠，最后竟以公开隐情相要挟，要求高某给予 500 万元补偿费。高某假意筹钱，实际打算除掉钱某。

随后，高某找到密友夏某和认识钱某的宗某，共谋将钱某诱骗至湖边小屋，先将其掐昏，然后扔入湖中溺死。事后，高某给夏某、宗某各 20 万元作为酬劳。

按照事前分工，宗某发微信将钱某诱骗到湖边小屋。但宗某得知钱某到达后害怕出事后被抓，给高某打电话说："我不想继续参与了。一日网恋十日恩，你也别杀她了。"高某大怒说："你太不义气啦，算了，别管我了!"宗某又随即打钱某电话，打算让其离开小屋，但钱某手机关机未通。

高某、夏某到达小屋后，高某寻机抱住钱某，夏某掐钱某脖子。待钱某不能挣扎后，二人均误以为钱某已昏迷（实际上已经死亡），便准备给钱某身上绑上石块将其扔入湖中溺死。此时，夏某也突然反悔，对高某说："算了吧，教训她一下就行了。"高某说："好吧，没你事了，你走吧!"夏某离开后，高某在钱某身上绑石块时，发现钱某已死亡。为了湮灭证据，高某将钱某的尸体扔入湖中。

高某回到小屋时，发现了钱某的 LV 手提包（价值 5 万元），包内有 5000 元现金、身份证和一张储蓄卡，高某将现金据为己有。

三天后，高某将 LV 手提包送给前女友尹某，尹某发现提包不是新的，也没有包装，问："是偷的还是骗来的?"高某说："不要问包从哪里来。我这里还有一张储蓄卡和身份证，身份证上的人很像你，你拿着卡和身份证到银行柜台取钱后，钱全部归你。"尹某虽然不知道全部真相，但能猜到包与卡可能是高某犯罪所得，但由于爱财还是收下了手提包，并冒充钱某从银行柜台取出了该储蓄卡中的 2 万元。

问题：

请根据《刑法》相关规定与刑法原理分析高某、夏某、宗某和尹某的刑事责任（要求注重说明理由，并可以同时答出不同观点和理由）。

试题四

案情：赵某与钱某原本是好友，赵某受钱某之托，为钱某保管一幅名画（价值 800 万元）达三年之久。某日，钱某来赵某家取画时，赵某要求钱某支付 10 万元保管费，钱某不同意。赵某突然起了杀意，为使名画不被钱某取回进而据为己有，用花瓶猛砸钱某的头部，钱某头部受重伤后昏倒，不省人事，赵某以为钱某已经死亡。刚好此时，赵某的朋友孙某来访。赵某向孙某说"我摊上大事了"，要求孙某和自己一起将钱某的尸体埋在野外，孙某同意。

二人一起将钱某抬至汽车的后座，由赵某开车，孙某坐在钱某身边。开车期间，赵某不断地说"真不该一时冲动"，"悔之晚矣"。其间，孙某感觉钱某身体动了一下，仔细察看，发现钱某并没有死。但是，孙某未将此事告诉赵某。到野外后，赵某一人挖坑并将钱某埋入地下（致钱某窒息身亡），孙某一直站在旁边没做什么，只是反复催促赵某动作快一点。

一个月后，孙某对赵某说："你做了一件对不起朋友的事，我也做一件对不起朋友的事。你将那幅名画给我，否则我向公安机关揭发你的杀人罪行。"三日后，赵某将一幅赝品（价值 8000 元）交给孙某。孙某误以为是真品，以 600 万元的价格卖给李某。李某发现自己购买了赝品，向公安机关告发孙某，导致案发。

问题：

1. 关于赵某杀害钱某以便将名画据为己有这一事实，可能存在哪几种处理意见？各自的理由是什么？

2. 关于赵某以为钱某已经死亡，为毁灭罪证而将钱某活埋导致其窒息死亡这一事实，可能存在哪几种主要处理意见？各自的理由是什么？

3. 孙某对钱某的死亡构成何罪（说明理由）？是成立间接正犯还是成立帮助犯（从犯）？

4. 孙某向赵某索要名画的行为构成何罪（说明理由）？关于法定刑的适用与犯罪形态的认定，可能存在哪几种观点？

5. 孙某将赝品出卖给李某的行为是否构成犯罪？为什么？

试题五

案情： 甲生意上亏钱，乙欠下赌债，二人合谋干一件"靠谱"的事情以摆脱困境。甲按分工找到丙，骗丙使其相信钱某欠债不还，丙答应控制钱某的小孩以逼钱某还债，否则不放人。

丙按照甲所给线索将钱某的小孩骗到自己的住处看管起来，电告甲控制了钱某的小孩，甲通知乙行动。乙给钱某打电话："你的儿子在我们手上，赶快交 50 万元赎人，否则撕票！"钱某看了一眼身旁的儿子，回了句："骗子！"便挂断电话，不再理睬。乙感觉异常，将情况告诉甲。甲来到丙处发现这个孩子不是钱某的小孩而是赵某的小孩，但没有告诉丙，只是嘱咐丙看好小孩，并从小孩口中套出其父赵某的电话号码。

甲与乙商定转而勒索赵某的钱财。第二天，小孩哭闹不止要离开，丙恐被人发觉，用手捂住小孩口、鼻，然后用胶带捆绑其双手并将嘴缠住，致其机械性窒息死亡。甲得知后与乙商定放弃勒索赵某财物，由乙和丙处理尸体。乙、丙二人将尸体连夜运至城外掩埋。第三天，乙打电话给赵某，威胁赵某赶快向指定账号打款 30 万元，不许报警，否则撕票。赵某当即报案，甲、乙、丙三人很快归案。

问题：

请分析甲、乙、丙的刑事责任（包括犯罪性质即罪名、犯罪形态、共同犯罪、数罪并罚等），须简述相应理由。

试题六

案情：王某是某黑社会性质组织的领导者，刘某、林某和丁某是该组织成员。某日，王某和刘某在酒店用餐，结账时刘某应付 3000 元，收银员吴某故意将 POS 机上的收款数额修改为 30000 元，刘某未留意即刷卡付款。付款后，刘某发现酒店多收了钱，便与王某一同找到吴某，要求吴某退钱。吴某不从，王某与刘某恼羞成怒，意图劫持吴某迫使其还钱。王某与刘某在对吴某进行捆绑时，操作不慎致吴某摔成重伤。两人担心酒店人员报警，遂放弃劫持的想法，匆忙离开现场。

王某和刘某走到酒店门口时，酒店的武某等四名保安将两人围住，阻止其离开。王某让刘某找人帮忙，刘某便给林某和丁某发短信要求二人携枪前来解围。随即林某和丁某赶到酒店门口，护送王某上了私家车。众保安见王某已经上车，便准备散去。王某却余怒未消，驾车离开前吩咐刘某等人"好好教训下那些保安"。刘某便让林某和丁某掏出藏于二人外套口袋里的枪支向武某等人射击，二人同时各开了一枪。证据表明，其中一人瞄准的是武某的腿部，但未射中；另一人则直接击中武某腹部，致其身亡，但无法查明究竟是林某还是丁某射出的子弹击中了武某。

问题：

1. 收银员吴某的行为应如何定性，可能有哪些不同的见解，各自的理由是什么？

2. 对于王某和刘某针对吴某实施的行为，应如何定性？理由为何？

3. 就导致武某死亡的行为，应当如何认定王某、刘某、林某、丁某等人的刑事责任（其中对王某的刑事责任的认定，存在哪些不同观点）？简述相应理由。

试题七

案情：1995 年 7 月，居住在甲市的洪某与蓝某共谋抢劫。蓝某事先打探了被害人赵某的行踪，二人决定于同年 7 月 13 日 20 时拦路抢劫赵某的财物。当晚 19 点 55 分，洪某到达现场后发现蓝某未至。赵某出现后，洪某决定独自实施抢劫计划。洪某用事先准备的凶器猛击赵某后脑，致使赵某昏倒在地不省人事。蓝某此时到达现场，与洪某一从赵某身上和随身携带的手提包中找到价值共计 2 万余元的财物。随后，蓝某先离开了现场，洪某以为赵某已经死亡，便将赵某扔到附近的水库，导致赵某溺死。经鉴定，赵某死亡前头部曾受重伤。随后洪某逃至乙市，化名在某保险公司做保险代理。公安机关一直未能破案。

2006 年 9 月，洪某被保险公司辞退后回到甲市，由于没有经济来源，洪某打算从事个体经营。洪某使用虚假的产权证明作担保，从 A 银行贷款 30 万元用于经营活动，后因经营不善而亏损殆尽。为了归还贷款，洪某便想通过将租赁而来的汽车质押给他人，骗取他人借款。洪某从 B 汽车租赁公司员工处得知，该公司所有汽车都装有 GPS 系统，如果租车人没有按时归还，B 公司将会根据 GPS 定位强行将汽车收回。洪某心想，即使自己欺骗了 B 公司，租期届满时 B 公司也会将汽车收回，因而 B 公司不会有财产损失。于是，洪某于 2017 年 3 月以真实身份与 B 公司签订了汽车租赁协议，从 B 公司租得汽车一辆，租赁时间为一周，并在租车时交付了租金。随后洪某伪造车辆行驶证与购车发票，与 C 小额贷款公司签订质押合同，C 公司借给洪某 50 万元，并将汽车留在公司（但没有办理质押手续）。洪某归还了 A 银行的 30 万元贷款本息。一周后，B 公司发现洪某没有按时归还车辆，便通过 GPS 定位找到车辆并收回。C 公司发现上当后第一时间报警，公安机关以洪某涉嫌诈骗罪发布网上通缉令。

洪某看到通缉消息后，得知公安机关并没有掌握自己 1995 年的犯罪事实，便向甲市林业局副局长白某赠送 5 万元现金，请白某向公安局领导说情。白某向甲市公安局副局长李某说情时，李某假装同意，并从白某处得知洪某的藏身之地。随后，李某带领公安人员将洪某抓获。

洪某到案后如实供述了自己对 C 小额贷款公司的诈骗事实，但否认自己对 B 公司构成合同诈骗罪，也没有交代 1995 年的犯罪事实。同时，洪某主动交代了其所实施的公安机关尚未掌握的另一起犯罪事实，并且检举了黄某与程某实施的犯罪事实。

洪某主动交代的另一起犯罪事实是：2016 年 10 月，洪某潜入某机关办公室，发现办公桌内有一个装有现金的信封，便将信封和现金一起盗走。次日，洪某在取出信封中的现金（共 8000 元）时，意外发现信封里还有一张背面写着密码的银行卡。于是，洪某就对其妻青某说："我捡了一张银行卡，你到商场给自己买点衣服去吧！"青某没有去商场购物，而是通过自动取款机从该银行卡中取出现金 4 万元，但没有将此事告知洪某。

洪某检举的黄某与程某实施的犯罪事实，是其与程某喝酒时醉酒的程某所透露的，具体如下：黄某找到程某，希望程某能吓唬吓唬其前妻周某，并表示只要将周某手臂砍成轻伤即可，预付 10 万元，事成之后再给 20 万元，程某同意。程某尾随周某至无人处，威胁周某道："有人雇我杀你，如果你给我 40 万元，我就饶你一命，否则别怪我不客气。"周某说："你不要骗我，我才不相信呢！"程某为了从黄某处得到余下 20 万元，于是拿出水果刀砍向周某手臂。周某以为程某真的要杀她，情急之下用手臂抵挡，程某手中的水果刀正好划伤周某手臂，造成周某轻伤。周某因患白血病，受伤后血流不止而死。程某不知道周某患有白血病，但黄某知道。随后程某向黄某索要剩余的 20 万元，黄某说："我只要你砍成轻伤，你却把人砍死了，剩下 20 万元就不给了。"程某恼羞成怒将黄某打成重伤。

洪某主动交代的事实与检举的事实，经公安机关查证属实。

经公安机关进一步讯问，洪某如实交代了自己 1995 年实施的犯罪事实（公安机关虽然知道该案的犯罪事实，但一直未发现犯罪嫌疑人）。

问题：

请按案情描述顺序，分析各犯罪嫌疑人所犯罪行的性质、犯罪形态与法定量刑情节及其他需要说明的问题，并陈述理由。如果就罪行的性质、犯罪形态等存在争议，请说明相关争议观点及其理由，并发表自己的看法。

试题八

案情：2010 年 3 月，刘某与任某擅自砍伐国有林场中的 1200 株林木，将砍伐的林木弃置一旁，平整该片林地后于其上种植沉香，一直未被发现。

2016 年 2 月，森林公安局的侦查人员王某发现刘某与任某砍伐林木、种植沉香的行为，但因其与刘某是中学同学，碍于情面便未作任何处理。

2017 年 3 月，王某购买一套房屋，要求刘某按照 100 万元的装修标准负责装修，但仅给刘某 50 万元装修费。刘某请甲装修公司负责装修，完工后甲公司应收 120 万元装修费，但刘某仅支付 100 万元。甲公司负责人钟某执意要求刘某再付 20 万元，刘某说："房主是道上混的，你再纠缠小心他砸烂你的公司。"钟某只好作罢。随后刘某告诉王某，实际装修费共计 120 万元。王某说："那我再出 10 万元吧。"刘某收下该 10 万元。

2018 年 7 月，喜欢爬野山的龚某和洪某见到沉香林后，心生盗念，龚某、洪某二人盗窃时被刘某和任某发现，洪某立即逃跑。龚某为了窝藏所盗沉香，威胁刘某和任某称，不让拿走沉香就向林业主管部门告发。刘某、任某担心自己非法砍伐林木的行为被发现，就让龚某拿走了价值 2 万元的沉香。

2018 年 8 月，洪某向林业主管部门举报了有人在国有林场种植沉香的事实。林业主管部门工作人员赵某与郑某上山检查时，刘某、任某为了抗拒抓捕，与郑某、赵某发生了严重的肢体冲突。赵某被刘某、任某中一人打成轻伤，不能查明是二人何人所致；刘某被赵某与郑某共同打成重伤；刘某在攻击郑某时，郑某及时躲闪，刘某遂击中同伙任某，造成任某轻伤。

问题：

请按案情描述顺序，分析各犯罪嫌疑人所犯罪行的性质、犯罪形态与法定量刑情节及其他需要说明的问题，并陈述理由。如果就罪行的性质、犯罪形态等存在争议，请说明相关争议观点及其理由，并发表自己的看法。

要点提炼

试题九

案情： 赵某以威胁网上曝光隐私为由，向周某索要 10 万元。周某害怕，就按照赵某指示将 10 万元现金放入指定垃圾桶内。赵某将此事告知刘某，并让刘某去周某放钱的垃圾桶取出 10 万元，两人各分得 5 万元。（事实一）

某日，赵某从窗户翻入顶楼的王某家窃得笔记本电脑一台。下楼离开时误认为李某是王某，为了窝藏赃物而将李某打伤。后查明，李某是去楼上贴小广告的，对赵某的行为并不知情。（事实二）

杨某欠赵某钱不还，刘某提议赵某拘禁杨某逼其还钱。二人遂拘禁杨某。杨某说："关着我，没法还钱；放了我，没有钱还。"两日后，刘某提议砍下杨某一根大拇指，赵某同意。二人遂砍下杨某右手大拇指，造成杨某重伤。（事实三）

赵某的妻子谢某得知杨某被拘禁一事后，劝赵某自首，否则就与赵某离婚并带走孩子。赵某恼羞成怒，使用皮带意图勒死谢某。谢某大声呼救，引来两个孩子（一个三岁，一个五岁）。赵某觉得在孩子面前杀害妻子对孩子影响不好，遂停止勒杀行为，造成谢某轻伤。（事实四）

问题：

1. 对于事实一，有观点认为刘某构成敲诈勒索罪，其理由是什么？有观点认为刘某成立侵占罪，其理由是什么？

2. 对于事实二，有观点认为赵某成立事后（转化型）抢劫，其理由是什么？有观点认为赵某成立盗窃罪和故意伤害罪，其理由是什么？

3. 对于事实三，有观点认为刘某和赵某仅成立故意伤害罪，你是否赞同该观点，请说明理由？

4. 对于事实四，赵某成立故意杀人罪的犯罪中止还是犯罪未遂？请说明理由。

主观试题参考答案及详解

试题一

1.【参考答案】甲携带凶器盗窃、入户盗窃，应当成立盗窃罪。如暴力行为不是作为压制财物占有人反抗的手段而使用的，只能视情况单独定罪。在盗窃过程中，为窝藏赃物、抗拒抓捕、毁灭罪证而使用暴力的，才能定抢劫罪。甲并非出于上述目的，因而不应认定为抢劫罪。在本案中，被害人并未发现罪犯的盗窃行为，并未反抗；甲也未在杀害被害人后再取得财物，故对甲的行为应以盗窃罪和故意杀人罪并罚，不能对甲定抢劫罪。

【考点】盗窃罪；故意杀人罪；抢劫罪

【详解】《刑法修正案（八）》增设了"入户盗窃""携带凶器盗窃""扒窃"等行为构成盗窃罪的规定，不要求盗窃的数额和次数，其根本原因是这些行为相较于一般的盗窃行为，具有更大的社会危害性。甲携匕首到余家盗窃，虽然未发现可盗财物，但是甲既存在携带凶器盗窃的行为，又存在入户盗窃的行为，因此成立盗窃罪。余某只是翻身动静较大，但并未发现甲盗窃，也未对甲实施抓捕行为，甲只是因为害怕被认出即将余某杀死的行为，应另外认定为故意杀人罪。

2.【参考答案】甲、乙的行为系假想防卫。假想防卫视情况成立过失犯罪或意外事件。在本案中，甲、乙在程某明确告知是警察的情况下，仍然对被害人使用暴力，主观上有过失。但是，过失行为只有在造成重伤结果的场合，才构成犯罪。甲、乙仅造成程某轻伤结果，因此，对于事实二，甲、乙均无罪。

【考点】假想防卫

【详解】假想防卫是指行为人由于主观认识上的错误，误认为有不法侵害的存在，实施防卫行为结果造成损害的行为。对于假想防卫，应当根据认识错误的原理予以处理，有过失的以过失论，无过失的以意外事件论。本案中，甲处于极度恐惧和紧张状态，而程某上前拽住甲的衣领，试图将其带走。由此，甲怀疑遇上劫匪，误认为是不法侵害，因此实施了防卫行为。而乙作为甲的朋友看到这种情形，同样误认为存在不法侵害，遂对程某实施了殴打行为，因此甲、乙的行为构成假想防卫。由于本案中程某只构成轻伤，因此甲、乙的行为不构成犯罪。

3.【参考答案】甲、乙无须对谢某重伤的结果负责。在被告人高速驾车走蛇形和被害人重伤之间，介入被害人的过失行为（如对车速的控制不当等）。谢某的重伤与甲、乙的行为之间仅有条件关系，从规范判断的角度看，是谢某自己驾驶汽车对乙车追尾所造成的，该结果不应当由甲、乙负责。

143

【考点】 因果关系

【详解】 刑法上的因果关系是指危害行为与危害结果之间引起与被引起的合乎规律的联系。本案中，谢某发现甲、乙打人后驾车逃离，对乙车紧追，正是这种紧追行为致使乙感到紧张和恐惧，操作不当，车辆失控撞向路中间的水泥隔离墩，而谢某由于车速太快，跟车过近，所以导致撞车重伤。因此，甲、乙不应当对谢某重伤结果负责。

4.【参考答案】（1）丁没有在丙和法官刘某之间牵线搭桥，没有促成行贿受贿事实的介绍行为，不构成介绍贿赂罪。

（2）丁接受丙的委托，帮助丙实施行贿行为，构成行贿罪（未遂）共犯。

（3）丁客观上并未索取或者收受他人财物，主观上并无收受财物的意思，不构成利用影响力受贿罪。

【考点】 介绍贿赂罪；行贿罪；利用影响力受贿罪

【详解】 介绍贿赂行为，只有情节严重的才构成犯罪。如果只是口头表明意见，并没有具体实施撮合行为，或者已经使行贿、受贿双方见面，由于某种原因贿赂行为未进行的，均不能构成介绍贿赂罪。因此，丁的行为不构成介绍贿赂罪。但是丁帮助丙将 15 万元转交给刘某的行为，对于丙的行贿行为起到了帮助作用，因此丁构成行贿罪（共犯）。由于刘某未收受贿赂，故丁构成行贿罪的犯罪未遂。利用影响力受贿罪的主体是国家工作人员的近亲属或者其他与该国家工作人员关系密切的人。丁与刘某为表亲，不属于近亲属，也不存在其他密切的关系，而且 15 万元是丙委托丁转交，并非直接给丁，因此，丁的行为不构成利用影响力受贿罪。

5.【参考答案】 答案一：构成。理由如下：（1）丁将代为保管的他人财物非法占为己有，数额较大，拒不退还，符合侵占罪的犯罪构成。（2）无论丙对 10 万元是否享有返还请求权，该 10 万元均不属于丁的财物，因此该财物属于"他人财物"。（3）虽然民法不保护非法的委托关系，但刑法的目的不是确认财产的所有权，而是打击侵犯财产的犯罪行为，如果不处罚侵占代为保管的非法财物的行为，将可能使大批侵占赃款、赃物的行为无罪化，有碍良性社会秩序的构建。

答案二：不构成。理由如下：（1）10 万元为贿赂款，丙没有返还请求权，该财物已经不属于丙，因此，丁没有侵占"他人财物"。（2）该财物在丁的实际控制下，不能认为其已经属于国家财产，故该财物不属于代为保管的"他人财物"。据此，不能认为丁虽未侵占丙的财物但侵占了国家财产。（3）如认定为侵占罪，会得出民法上丙没有返还请求权，但刑法上认为其有返还请求权的结论。刑法和民法对相同问题得出不同结论，法秩序的统一性会受到破坏。

【考点】 侵占罪

【详解】 本题属于开放性试题。侵占罪，是指以非法占有为目的，将他人交给自己保管的财物或者遗忘物、埋藏物非法占为己有，数额较大，拒不交还的行为。该题的难点就在于 15 万元钱款的性质比较复杂，解题关键就在于如何理解和认定"代为保管的他人财物"。本题中丁的行为与典型的侵占行为相比较，主要的区别就在于财物的性质属于非法财产。如果认为丁的行为构成侵占罪，则可以更多地从丁侵占他人财物的行为性质与一般侵占行为的区别不大进行论述。如果认为丁的行为不构成侵占罪，则可以更多地从财物属于非法财产应依法予以没收的角度进行论述。

试题二

【参考答案】

1. 对甲、乙贪污行为的分析

(1) 甲、乙利用职务上的便利实施了贪污行为，虽然客观上获得了 26 万元，构成贪污罪，但该 26 万元不是化工厂的财产，没有给化工厂造成实际损失；甲、乙也不可能贪污五金厂的财物，所以，对甲、乙的贪污行为只能认定为贪污未遂。

(2) 甲、乙犯贪污罪后自首，可以从轻或者减轻处罚。

(3) 甲揭发了乙为亲友非法牟利罪与受贿罪的犯罪事实，构成立功，可以从轻或者减轻处罚。

【考点】 贪污罪；受贿罪；共同犯罪；自首；立功

【详解】 本题最大的难点在于受贿罪与贪污罪的区别，以及所犯贪污罪的犯罪停止形态。按照既定的计划，甲和乙制造购买零件的假象，在未收到任何货物的情况下向五金厂支付货款，之后要求五金厂的老板丙将货款支付给乙个人。其行为的实质在于三人通过欺骗手段侵占国有化工厂的国有财产，符合贪污罪的犯罪构成。判断构成贪污罪还是受贿罪的关键就在于看侵占的财产是国有资产还是私有财产。本案中约定的 26 万元均系国有化工厂的财产，因此甲、乙构成贪污罪共犯而非受贿罪。在实际运行过程中，丙未等到收取货款即提前将 26 万元打到了乙的私人账户，这笔钱款并不属于国有资产，而属于五金厂的私有财产。在甲、乙准备将国有化工厂的钱款汇给五金厂时，因有人举报而未汇出，这属于因为意志以外的原因未得逞，国有化工厂并未遭受实际上的财产损失，因此甲、乙构成贪污罪的未遂。

2. 对乙向戊采购商品行为的分析

(1) 乙长期以明显高于市场的价格向其远房亲戚戊经营的原料公司采购商品，使国有化工厂损失近 300 万元的行为，构成为亲友非法牟利罪。

(2) 乙以妻子丁的名义在原料公司享有 10% 的股份分得红利 58 万元的行为，符合受贿罪的构成要件，成立受贿罪。

(3) 对于为亲友非法牟利罪与受贿罪以及上述贪污罪，应当实行数罪并罚。

【考点】 受贿罪；为亲友非法牟利罪

【详解】 为亲友非法牟利罪，是指国有公司、企业、事业单位的工作人员，利用职务便利，有下列情形之一，使国家利益遭受重大损失的行为：(1) 将本单位的盈利业务交由自己的亲友进行经营的；(2) 以明显高于市场的价格向自己的亲友经营管理的单位采购商品或者以明显低于市场的价格向自己的亲友经营管理的单位销售商品的；(3) 向自己的亲友经营管理的单位采购不合格商品的。本案中，乙长期以明显高于市场的价格向其远房亲戚戊经营的原料公司采购商品，使国有化工厂损失近 300 万元，符合为亲友非法牟利罪的犯罪构成。

3. 对丙行为的分析

（1）丙将五金厂的 26 万元挪用出来汇至乙的个人账户，不是为了个人使用，也不是为了谋取个人利益，不能认定为挪用资金罪。

（2）但是，丙明知甲、乙二人实施贪污行为，客观上也帮助甲、乙实施了贪污行为，所以，丙构成贪污罪的共犯（从犯）。

【考点】挪用资金罪；贪污罪；共同犯罪

【详解】本案涉及挪用资金罪的犯罪构成。挪用资金罪，是指公司、企业或者其他单位的工作人员，利用职务上的便利，挪用本单位资金归个人使用或者借贷给他人，数额较大、超过 3 个月未还的，或者虽未超过 3 个月，但数额较大、进行营利活动的，或者进行非法活动的行为。构成本罪要求行为人挪用资金归个人使用或借贷给他人。本案中丙挪用资金是为了公司利益，因此不构成本罪。

4. 对丁行为的分析

（1）丁将 26 万元取出的行为，不构成掩饰、隐瞒犯罪所得罪，因为该 26 万元不是贪污犯罪所得，也不是其他犯罪所得。

（2）丁也不成立贪污罪的共犯，因为丁取出 26 万元时，该 26 万元不是贪污犯罪所得。

（3）丁将其中的 13 万元送给甲，既不是帮助分赃，也不是行贿，因而不成立犯罪。

（4）丁对以自己名义享有的股份知情，并领取贿赂款，构成受贿罪的共犯（从犯）。

【考点】掩饰、隐瞒犯罪所得罪；受贿罪；共同犯罪

【详解】本案涉及掩饰、隐瞒犯罪所得罪的犯罪构成。掩饰、隐瞒犯罪所得罪，是指明知是犯罪所得及其产生的收益而予以窝藏、转移、收购、代为销售或者以其他方法掩饰、隐瞒的行为。丁并不知道所取钱款系犯罪所得，因此不构成本罪。本案还涉及利用影响力受贿罪与受贿罪的区别。利用影响力受贿罪，是指国家工作人员的近亲属或者其他与该国家工作人员关系密切的人，通过该国家工作人员职务上的行为，或者利用该国家工作人员职权或者地位形成的便利条件，通过其他国家工作人员职务上的行为，为请托人谋取不正当利益，索取请托人财物或者收受请托人财物，数额较大或者有其他较重情节的行为。本案中如果乙并不知情，则丁构成此罪。由于乙知情，丁收受贿赂的行为构成受贿罪共犯。

5. 对戊行为的分析

戊作为回报让乙的妻子丁未出资却享有原料公司 10% 的股份，虽未进行股权转让登记，但让丁分得红利 58 万元的行为，是为了谋取不正当利益，构成行贿罪。

【考点】行贿罪

【详解】《刑法》第 389 条规定："为谋取不正当利益，给予国家工作人员以财物的，是行贿罪。在经济往来中，违反国家规定，给予国家工作人员以财物，数额较大的，或者违反国家规定，给予国家工作人员以各种名义的回扣、手续费的，以行贿论处。因被勒索给予国家工作人员以财物，没有获得不正当利益的，不是行贿。"

试题三

【参考答案】

1. 高某的刑事责任

（1）高某对钱某成立故意杀人罪。是成立故意杀人既遂还是故意杀人未遂与过失致人死亡罪的想象竞合，关键在于如何处理构成要件的提前实现。

答案一：虽然构成要件结果提前发生，但掐脖子本身有致人死亡的紧迫危险，能够认定掐脖子时就已经实施杀人行为，故意存在于着手实行时即可，故高某应对钱某的死亡承担故意杀人既遂的刑事责任。

答案二：高某、夏某掐钱某的脖子时只是想致钱某昏迷，没有认识到掐脖子的行为会导致钱某死亡，亦即缺乏既遂的故意，因而不能对故意杀人既遂负责，只能认定高某的行为是故意杀人未遂与过失致人死亡的想象竞合。

（2）关于拿走钱某的手提包和5000元现金的行为性质，关键在于如何认定死者的占有。

答案一：高某对钱某的手提包和5000元现金成立侵占罪，理由是死者并不占有自己生前的财物，故手提包和5000元现金属于遗忘物。

答案二：高某对钱某的手提包和5000元现金成立盗窃罪，理由是死者继续占有生前的财物，高某的行为属于将他人占有财产转移给自己占有的盗窃行为，成立盗窃罪。

（3）将钱某的储蓄卡与身份证交给尹某取款2万元的行为性质。

答案一：构成信用卡诈骗罪的教唆犯。因为高某不是盗窃信用卡，而是侵占信用卡，利用拾得的他人信用卡取款的，属于冒用他人信用卡，高某唆使尹某冒用，故属于信用卡诈骗罪的教唆犯。

答案二：构成盗窃罪。因为高某是盗窃信用卡，盗窃信用卡并使用的，不管是自己直接使用还是让第三者使用，均应认定为盗窃罪。

【考点】 共同犯罪；因果关系认识错误；犯罪既遂与犯罪中止的区别；侵占罪与盗窃罪的区别

【详解】 在因果关系认识错误的问题上，有具体符合说和法定符合说。按照具体符合说，应当具体问题具体分析，行为人没有杀人故意时掐别人脖子，结果致人死亡，构成过失致人死亡罪而非故意杀人罪，行为人出于杀人故意杀害"死尸"的行为属于对象不能犯未遂，应另行认定为故意杀人罪未遂。按照法定符合说，行为人出于杀人故意实施杀人行为，被害人最终死亡，行为人的行为作为一个整体构成故意杀人罪既遂，因果关系认识错误不影响对行为的定性。

对于死者的财物是否有主，学界存在争议。与之相关，存在侵占罪与盗窃罪之争。如果认为死者的财物仍为有主物，即属于其继承人，则非法占有其财物的行为构成盗窃罪。如果认为死者的财物为遗失遗忘物，则非法占有财物的行为构成侵占罪。

2. 夏某的刑事责任

（1）夏某参与杀人共谋，掐钱某的脖子，构成故意杀人罪既遂（或夏某成立故意杀人未遂与过失致人死亡的想象竞合，理由与高某相同）。

（2）由于发生了钱某死亡结果，夏某的行为是钱某死亡的原因，夏某不可能成立犯罪中止。

【考点】 共同犯罪；因果关系认识错误；犯罪既遂与犯罪中止的区别；侵占罪与盗窃罪的区别

【详解】《刑法》第24条规定："在犯罪过程中，自动放弃犯罪或者自动有效地防止犯罪结果发生的，是犯罪中止。对于中止犯，没有造成损害的，应当免除处罚；造成损害的，应当减轻处罚。"

3. 宗某的刑事责任

宗某参与共谋，并将钱某诱骗到湖边小屋，成立故意杀人既遂。宗某虽然后来没有实行行为，但其前行为与钱某死亡之间具有因果性，没有脱离共犯关系；宗某虽然给钱某打过电话，但该中止行为未能有效防止结果发生，不能成立犯罪中止。

【考点】 共同犯罪的犯罪中止

【详解】《刑法》第24条规定："在犯罪过程中，自动放弃犯罪或者自动有效地防止犯罪结果发生的，是犯罪中止。对于中止犯，没有造成损害的，应当免除处罚；造成损害的，应当减轻处罚。"共同犯罪要成立犯罪中止，不仅要求放弃犯罪行为，而且要求脱离共犯关系，有效阻止结果的发生。因此，共同犯罪人单纯脱离犯罪团伙的行为不足以使其行为成立犯罪中止，其必须有效阻止其他共同犯罪人的犯罪行为。

4. 尹某的刑事责任

（1）尹某构成掩饰、隐瞒犯罪所得罪。因为从客观上说，该手提包属于高某犯罪所得，而且尹某的行为属于掩饰、隐瞒犯罪所得的行为；尹某认识到可能是高某犯罪所得，因而具备明知的条件。

（2）尹某冒充钱某取出2万元的行为性质。

答案一：构成信用卡诈骗罪。因为尹某属于冒用他人信用卡，符合信用卡诈骗罪的构成要件。

答案二：构成盗窃罪。尹某虽然没有盗窃储蓄卡，但认识到储蓄卡可能是高某盗窃所得，并且实施使用行为，属于承继的共犯，故应以盗窃罪论处。

【考点】 掩饰、隐瞒犯罪所得罪；信用卡诈骗罪；事后不可罚的行为

【详解】 根据法律规定，盗窃信用卡并使用的，构成盗窃罪而非信用卡诈骗罪。侵占信用卡并使用的，构成信用卡诈骗罪。这个考点与将死者财物据为己有的行为如何定性结合在一起，同样形成了两种观点。

掩饰、隐瞒犯罪所得罪作为一个常见考点，主要考查事后不可罚行为理论，即掩饰、隐瞒自己犯罪所得的行为不构成犯罪。但本案中尹某掩饰、隐瞒的对象是高某的犯罪所得，因此构成本罪。

试题四

1.【参考答案】 关于赵某杀害钱某以便将名画据为己有这一事实，主要存在以下两种处理意见：

（1）认定为侵占罪与故意杀人罪，实行数罪并罚。理由是，赵某已经占有了名画，不可能对名画实施抢劫行为，杀人行为同时使得赵某将名画据为己有。所以，赵某对名画成立（委托物）侵占罪，对钱某的死亡成立故意杀人罪。

（2）认定成立抢劫罪一罪。理由是，赵某杀害钱某是为了不返还名画，钱某对名画的返还请求权是一种财产性利益，财产性利益可以成为抢劫罪的对象。所以，赵某属于抢劫财产性利益。

【考点】侵占罪；故意杀人罪；抢劫罪

【详解】如果故意杀人是作为抢劫的手段，则认定为抢劫罪一罪；如果故意杀人后临时起意劫取财物，则认定为故意杀人罪和盗窃罪，数罪并罚。本题的难点在于赵某杀害钱某前已经实际占有了名画，这使其与典型的抢劫罪有所区别。如果强调抢劫罪侵犯的是财物所有权，则可包括债权等财产性利益；如果强调抢劫罪侵犯的是财物占有，则更关注财物是否实际转移占有。目前刑法理论中有两种不同的观点。主流学说更倾向于第一种，即抢劫罪可以侵犯财产性权益，本案中赵某构成抢劫罪一罪。但本题并未考查考生的倾向性观点，考生只需将两种学说列明、阐述清楚即可。

2.【参考答案】赵某以为钱某已经死亡，为毁灭罪证而将钱某活埋导致其窒息死亡，属于事前的故意或概括的故意。对此问题的处理，主要存在以下两种处理意见：

（1）将赵某的前行为认定为故意杀人未遂（或普通抢劫），将后行为认定为过失致人死亡，对二者实行数罪并罚或者按想象竞合处理。理由是，毕竟是因为后行为导致死亡，但行为人对后行为只有过失。

（2）应认定为故意杀人既遂一罪（或故意的抢劫致人死亡即对死亡持故意一罪）。理由是，前行为与死亡结果之间的因果关系并未中断，前行为与后行为具有一体性，故意不需要存在于实行行为的全过程。答出其他有一定道理的观点的，适当给分。

【考点】因果关系认识错误

【详解】本问考查的重点是因果关系认识错误。根据法定符合说，尽管存在因果关系认识错误，但赵某主观上有杀人故意，客观上实施了杀人行为，并造成了死亡后果，构成故意杀人罪既遂。根据具体符合说，对赵某各阶段的行为区别分析，则赵某之前杀害钱某的行为未实际造成钱某死亡的结果，构成故意杀人罪或抢劫罪未遂，之后活埋钱某致其窒息死亡的行为构成过失致人死亡罪，应当数罪并罚。目前，刑法的主流学说是法定符合说，即对赵某行为整体看待，这也与司法实践的普遍做法相吻合。

3.【参考答案】孙某对钱某的死亡构成故意杀人罪。孙某明知钱某没有死亡，却催促赵某动作快一点，显然具有杀人故意，客观上对钱某的死亡也起到了作用。即使认为赵某对钱某成立抢劫致人死亡，但由于钱某不对抢劫负责，也只能认定为故意杀人罪。

（1）倘若在前一问题上认为赵某成立故意杀人未遂（或普通抢劫）与过失致人死亡罪，那么孙某就是利用过失行为实施杀人的间接正犯；（2）倘若在前一问题上认为赵某成立故意杀人既遂（或故意的抢劫致人死亡即对死亡持故意），则孙某成立故意杀人罪的帮助犯（从犯）。

【考点】共同犯罪；间接正犯

【详解】孙某明知钱某没有死亡但未告诉赵某，并催促赵某实施活埋钱某的行为，已构成故意杀人罪。但特别需要注意的是，孙某在共同犯罪中的地位与赵某行为的定性有紧密关联，考生仍然需要结合第2问对第3问作出两种不同的回答。如果认定赵某主观上系过失，则孙某利用他人过失实施犯罪的行为成立间接正犯；如果认定赵某主观上有间接故意，则孙某的行为构成故意杀人罪的帮助犯。

4.【参考答案】孙某索要名画的行为构成敲诈勒索罪。理由：孙某的行为完全符合本罪的构成要件，因为利用合法行为使他人产生恐惧心理的也属于敲诈勒索。一种观点是，对孙某应当按 800 万元适用数额特别巨大的法定刑，同时适用未遂犯的规定，并将取得价值 8000 元的赝品的事实作为量刑情节，这种观点将数额巨大与特别巨大作为加重构成要件；另一种观点是，对孙某应当按 8000 元适用数额较大的法定刑，认定为犯罪既遂，不适用未遂犯的规定，这种观点将数额较大视为单纯的量刑因素或量刑规则。

【考点】敲诈勒索罪

【详解】本问考查的重点是敲诈勒索罪的犯罪构成以及对于数额犯来说，犯罪数额是犯罪成立要件还是犯罪既遂要件。首先，以报案相威胁索要财物的行为仍然可以构成敲诈勒索罪。其次，如果认为犯罪数额系数额犯的成立要件，则根据实际敲诈勒索的数额认定犯罪数额，同时认定犯罪既遂；如果认为犯罪数额系数额犯的既遂要件，则根据准备敲诈勒索的数额认定犯罪数额，同时认定犯罪未遂。

5.【参考答案】孙某出卖赝品的行为不构成诈骗罪，因为孙某以为出卖的是名画，不具有诈骗故意。

【考点】诈骗罪

【详解】本问考查的重点是主客观相一致原则。认定不同共同犯罪人的刑事责任时，关键要把握每一个犯罪人都只对自己知情的部分负责。孙某陷入错误认识出卖赝品，主观上不具有诈骗的犯罪故意，不构成诈骗罪。

试题五

【参考答案】

1. 甲、乙构成共同绑架罪。

（1）甲与乙预谋绑架，并利用丙的不知情行为（尽管丙误将赵某的小孩作为钱某的小孩非法拘禁），借此实施索要钱某财物的行为，是绑架他人为人质，进而勒索第三人的财物，符合绑架罪犯罪构成，构成共同绑架罪。

（2）甲、乙所犯绑架罪属于未遂，可以从轻或者减轻处罚。理由是：虽然侵犯了赵某小孩的人身权利，但是没有造成钱某的担忧，没有侵犯也不可能侵犯到钱某的人身自由与权利，当然也不可能勒索到钱某的财物，所以是绑架罪未遂。

【考点】绑架罪；非法拘禁罪；犯罪形态；共同犯罪

【详解】对象错误是指行为人因误认导致预定指向的对象与实际指向的对象不一致，而这种不一致仍未超出构成要件的范围。依据法定符合说，行为人所认识的事实与实际发生的事实，只要在犯罪构成范围内是一致的，就成立故意的既遂犯。本案中，甲与乙合谋实施绑架的对象为钱某的小孩，而丙却将赵某的小孩扣押，虽然拘禁的对象存在错误，但是丙的错误行为与甲、乙之间合谋实施绑架行为的构成要件的范围一致，也与丙自身实施非法拘禁行为的构成要件的范围一致，因而该错误行为不影响行为人故意犯罪的认定。甲、乙对丙将赵某的小孩非法拘禁的行为构成绑架罪无异议。然而，由于绑架行为没有造成钱某的担忧，没有侵犯也不可能侵犯到钱某小孩的人身自由与权利,当然也不可能勒索到钱某的财物,所以是绑架罪未遂。

2. 乙构成敲诈勒索罪与诈骗罪想象竞合犯,从一重罪论处。

(1) 在甲与乙商定放弃犯罪时,乙假意答应甲放弃犯罪,实际上借助于原来的犯罪,对赵某谎称绑架了其小孩,继续实施勒索赵某财物的行为,构成敲诈勒索罪与诈骗罪想象竞合犯,应当从一重罪论处。

(2) 理由是:因为人质已死亡,乙的行为不仅构成敲诈勒索罪,同时构成诈骗罪。因为乙向赵某发出的是虚假的能够引起赵某恐慌、担忧的信息,同时具有虚假性质和要挟性质,因而构成敲诈勒索罪与诈骗罪的想象竞合犯,应当从一重罪论处,并与之前所犯绑架罪(未遂),数罪并罚。

【考点】敲诈勒索罪;诈骗罪;共同犯罪;数罪并罚

【详解】甲与乙商定放弃勒索赵某财物,而乙借助于原来的犯罪,对赵某谎称绑架了其小孩,继续实施勒索赵某财物的行为属于实行过限,与甲不再构成共同犯罪。

3. 丙构成非法拘禁罪和故意杀人罪,应当分别定罪量刑,然后数罪并罚。

(1) ①丙哄骗小孩离开父母,并实际控制,是出于非法剥夺他人人身自由目的而实行的行为,所以构成非法拘禁罪。②因为丙没有参与甲、乙绑架预谋,对于甲、乙实施绑架犯罪不知情,所以不能与甲、乙构成共同绑架罪,而是单独构成非法拘禁罪。

丙犯非法拘禁罪,是甲、乙共同实施绑架罪的一部分——绑架他人作为人质,甲、乙对丙的非法拘禁行为负责。甲、乙、丙在非法拘禁罪范围内构成共同犯罪;甲、乙既构成绑架罪又构成非法拘禁罪,是想象竞合犯,从一重罪论处;丙因为没有绑架的故意,仅有非法拘禁的故意,所以只成立非法拘禁罪。

(2) 丙为控制小孩采取捆绑行为致其死亡,构成故意杀人罪。①这是一种具有高度危险的侵犯人身权利的行为,可能造成死亡的结果,可以评价为杀人行为,丙主观上对此有明知并持放任的态度,是间接故意杀人,因而构成故意杀人罪。②甲、乙对于人质的死亡没有故意、过失,没有罪责。具体来说,丙的杀人故意行为超出了非法拘禁之共同犯罪故意范围,应当由丙单独负责,甲、乙没有罪过、罪责。

【考点】非法拘禁罪;故意杀人罪;过失致人死亡罪;共同犯罪;数罪并罚

【详解】丙受到甲的蒙骗,出于非法剥夺他人人身自由的目的实施非法拘禁行为,并没有参与甲、乙的绑架预谋,对于甲、乙实施绑架犯罪不知情,所以不能与甲、乙构成绑架罪。甲、乙、丙在非法拘禁的范围内成立共同犯罪。甲、乙二人的行为构成绑架罪与非法拘禁罪,属于想象竞合犯,应从一重罪论处。

针对丙实施的用手指捂住小孩口、鼻,然后用胶带捆绑其双手并将嘴缠住的行为属于明显超出正常拘禁行为所需范围的暴力,是一种具有高度危险的侵犯人身权利的行为,可能造成死亡的结果,丙主观上明知并持放任的态度,是间接故意杀人行为。丙的行为超出了甲、乙、丙非法拘禁共同犯罪的故意,甲、乙二人对丙的杀人行为不承担罪责,丙构成故意杀人罪。对丙的故意杀人罪与非法拘禁罪进行数罪并罚。因为《刑法》第238条第2款后段的规定属于法律拟制,即只要非法拘禁的过程中致使被拘禁者死亡的,即使没有杀人的故意,也应认定为故意杀人罪。根据责任主义原理,应以非法拘禁罪和故意杀人罪实施并罚。

试题六

1.【参考答案】 吴某通过修改收款数额使刘某在付款时多付 27000 元，存在以下观点：

（1）第一种观点认为，被骗人需认识到自己将某种财产转移，但不要求对财产的数量、价格等具有完全的认识（基本的处分意识说）。据此，吴某欺骗刘某，使其受骗后多处分 27000 元，应成立诈骗罪。

（2）第二种观点认为，被骗人不仅要认识到自己将某种财产转移，还要求对财产的数量、价格等具有完整的认识（完整的处分意识说）。据此，刘某认识到自己处分餐费，但未认识到处分餐费的具体数额，故吴某不成立诈骗罪。吴某以非法占有为目的，利用刘某违反其意志的交付行为取得其财产，属于盗窃罪的间接正犯。

【考点】 诈骗罪与盗窃罪

【详解】 诈骗罪要求受骗者处分财产时必须有处分意识，即认识到自己将某种财产转移给行为人或第三者占有，否则不成立诈骗罪。上述观点一更具有一定合理性，最高人民法院的指导案例中也是坚持此观点。

2.【参考答案】 对于王某和刘某针对吴某实施的行为的性质，应做如下认定：

（1）因吴某非法取得刘某财产，王某、刘某索取的债务为合法债务，故王某、刘某为索取合法债务而意图劫持吴某的行为，不成立抢劫罪，也不成立绑架罪。

（2）王某、刘某为索取债务而劫持吴某的行为，属于《刑法》规定的非法拘禁行为，即为索取债务而非法扣押、拘禁他人的，按照非法拘禁罪的相关规定论处。

（3）王某、刘某的拘禁行为过失致使吴某重伤，其行为成立非法拘禁罪，属于非法拘禁致人重伤的结果加重犯。王某、刘某逃跑的行为，不影响非法拘禁罪的成立，也不影响非法拘禁罪既遂、未遂的判断。

【考点】 非法拘禁罪

【详解】 根据《最高人民法院关于审理抢劫、抢夺刑事案件适用法律若干问题的意见》的规定，行为人为索取债务，使用暴力、暴力威胁等手段的，一般不以抢劫罪定罪处罚。按照当然解释，为索取合法债务而强取财物，更不可能成立抢劫罪。同理，也不成立绑架罪。对于王某和刘某的行为性质，应当按照其具体行为的方式、方法予以认定。

3.【参考答案】 就武某的死亡结果，林某、丁某、刘某、王某等人应当承担的刑事责任如下：

（1）林某、丁某成立故意伤害（致人死亡）罪的共犯，与参加黑社会性质组织罪数罪并罚。林某、丁某同时向武某开枪，致使武某死亡，二人具有共犯关系，属于共同正犯。按照"部分实行，全部责任"原则，无论武某的致命伤谁射击所致，该死亡结果均应归属于林某、丁某。由于无法查明是谁射出的子弹击中了武某，按照存疑时有利于行为人的原则，应认定林某、丁某成立故意伤害（致人死亡）罪，属于主犯。

（2）刘某成立故意杀人罪的教唆犯，与参加黑社会性质组织罪数罪并罚。刘某指使林某、丁某二人携枪，并在现场指使二人向武某开枪致其死亡，按照共犯从属性原理，应将林某、丁某致人死亡的违法事实归属于刘某；刘某主观上明知自己的教唆行为可能致武某死亡，而放任死亡结果的发生，具有教唆他人杀人的故意，成立故意杀人罪既遂的教唆犯，属于主犯。

（3）王某是黑社会性质组织的首要分子，对于王某应承担的刑事责任，有以下两种观点：

第一种观点认为，王某指使刘某等人"教训"保安，并没有教唆他人杀人的故意，最多是教唆伤害的故意，故王某的教唆行为虽然最终导致刘某等人的杀人行为，但王某仅对故意伤害（致人死亡）罪的教唆犯承担刑事责任，与其组织、领导黑社会性质组织罪数罪并罚。

第二种观点认为，王某虽然指使刘某等人"教训"他人，但作为黑社会性质组织的领导者，应对该组织成员刘某、林某和丁某在其指使下所犯罪行承担刑事责任。王某对于可能引起他人死亡的事实至少具有间接故意，故王某应当承担故意杀人罪既遂的教唆犯的刑事责任，属于主犯，与其组织、领导黑社会性质组织罪数罪并罚。

【考点】故意杀人罪；故意伤害（致人死亡）罪；教唆犯；黑社会性质组织首要分子的责任承担

【详解】林某、丁某向武某射击时，两枪分别射中武某的腿部和腹部，表明一人具有杀人故意，另一人具有伤害故意。如果能够证明各自的故意内容，则应分别认定为故意杀人罪既遂与故意伤害（致人死亡）罪。但是，本案无法查清是谁射中被害人腹部致使被害人死亡，即无法确定是以杀人故意致使被害人死亡，还是以伤害故意致使被害人死亡，按照存疑时有利于行为人的原则，应认定林某、丁某成立故意伤害（致人死亡）罪。

试题七

【参考答案】

1. 对洪某与蓝某抢劫案的分析

（1）洪某与蓝某成立抢劫罪既遂的共犯，属于共谋共同正犯。洪某实施抢劫时蓝某虽尚未到场，但蓝某为抢劫行为的实施发挥了关键性的物理（凶器）和心理的因果联系作用，按照"部分实行，全部责任"的原则，洪某、蓝某均成立抢劫罪既遂，犯罪数额均为2万余元。

（2）洪某误以为赵某死亡而将其扔入水库中，导致赵某溺水而亡，属于因果关系错误中的事前故意。对此刑法理论有以下两种观点：

第一种观点认为，洪某成立抢劫（致人死亡）罪一罪。赵某溺死这一介入因素是洪某的抢劫行为所引发的，是洪某抢劫行为制造的危险的现实化，其未中断抢劫行为与赵某死亡之间的因果联系。因此洪某的抢劫行为与赵某的死亡之间存在刑法上的因果关系。但是该因果关系与洪某认识的因果关系不一致，属于因果关系错误。由于因果关系错误不会影响犯罪故意的认定，故洪某成立抢劫（致人死亡）罪，适用结果加重犯的法定刑，以既遂论处。

第二种观点认为，洪某的行为成立抢劫（致人重伤）罪与过失致人死亡罪，应当数罪并罚。赵某溺死这一介入因素中断了抢劫行为与赵某死亡之间的因果关系，洪某的抢劫行为成立抢劫（致人重伤）罪；洪某将赵某扔入水库中，对赵某的死亡应当预见因疏忽而未预见，故洪某成立过失致人死亡罪，与抢劫（致人重伤）罪应当数罪并罚。

（3）蓝某与洪某成立抢劫罪共犯。根据上述对洪某的抢劫行为与赵某死亡之间是否具有因果关系的分析：①若认为存在因果关系，洪某成立抢劫（致人死亡）罪，则蓝某亦成立抢劫（致人死亡）罪；②若认为不存在因果关系，则蓝某的行为与赵某的死亡之间不存在因果关系，蓝某对赵某的死亡不负刑事责任，蓝某的行为成立抢劫（致人重伤）罪。

（4）关于抢劫案的追诉时效，应当追诉洪某抢劫罪的刑事责任，但蓝某追诉时效已过，不应追究蓝某抢劫罪的刑事责任。具体而言：①对于洪某而言，无论认定其行为成立抢劫（致人死亡）罪还是抢劫（致人重伤）罪，其追诉期限均为 20 年。洪某在追诉期限内又犯新罪的，应当自犯新罪之日起重新计算 20 年的追诉期限，故洪某的抢劫罪仍在追诉期限之内。若认为洪某对赵某的死亡成立过失致人死亡罪，追诉期限为 10 年，因已过追诉期限而不应追究刑事责任。②对于蓝某而言，无论认定其行为成立抢劫（致人死亡）罪还是抢劫（致人重伤）罪，其追诉期限均为 20 年。追诉期限已过，故不应追究蓝某抢劫罪的刑事责任。

【考点】抢劫罪；共同犯罪；过失致人死亡罪；追诉时效

【详解】《刑法》第 263 条规定："以暴力、胁迫或者其他方法抢劫公私财物的，处三年以上十年以下有期徒刑，并处罚金；有下列情形之一的，处十年以上有期徒刑、无期徒刑或者死刑，并处罚金或者没收财产：（一）入户抢劫的；（二）在公共交通工具上抢劫的；（三）抢劫银行或者其他金融机构的；（四）多次抢劫或者抢劫数额巨大的；（五）抢劫致人重伤、死亡的；（六）冒充军警人员抢劫的；（七）持枪抢劫的；（八）抢劫军用物资或者抢险、救灾、救济物资的。"

《刑法》第 87 条规定："犯罪经过下列期限不再追诉：（一）法定最高刑为不满五年有期徒刑的，经过五年；（二）法定最高刑为五年以上不满十年有期徒刑的，经过十年；（三）法定最高刑为十年以上有期徒刑的，经过十五年；（四）法定最高刑为无期徒刑、死刑的，经过二十年。如果二十年以后认为必须追诉的，须报请最高人民检察院核准。"

2. 对洪某骗取贷款案的分析

（1）洪某骗取 A 银行贷款 30 万元的行为成立骗取贷款罪，但已过追诉时效，不再追究刑事责任。洪某使用虚假的产权证明作担保，但不具备非法占有的目的，故成立骗取贷款罪，而非贷款诈骗罪。骗取贷款罪基本犯的法定最高刑为 3 年有期徒刑，其追诉期限为 5 年，案发时该罪已过追诉时效，不应追究刑事责任。

（2）洪某向 B 公司租车的行为不成立诈骗罪。洪某与 B 公司基于意思自治缔结了汽车租赁合同，洪某缺乏非法占有目的，其虽未按时还车，但 B 公司已正常取回车辆，并无损失，故该行为不成立犯罪。

（3）洪某伪造车辆行驶证与购车发票向 C 小额贷款公司借款 50 万元的行为成立伪造国家机关证件罪、伪造公司、企业印章罪与贷款诈骗罪，属于牵连犯，应当从一重罪论处。洪某伪造车辆行驶证成立伪造国家机关证件罪；伪造购车发票成立非法制造发票罪与伪造公司、企业印章罪的想象竞合犯，以重罪伪造公司、企业印章罪论处；以非法占有为目的伪造证件骗取 C 小额贷款公司贷款的行为成立贷款诈骗罪。综上，三罪属于牵连犯，应从一重罪论处。

【考点】骗取贷款罪；贷款诈骗罪；诈骗罪；伪造国家机关证件罪；伪造公司、企业印章罪；追诉时效

【详解】《刑法》第 175 条之一规定："以欺骗手段取得银行或者其他金融机构贷款、票据承兑、信用证、保函等，给银行或者其他金融机构造成重大损失的，处三年以下有期徒刑或者拘役，并处或者单处罚金；给银行或者其他金融机构造成特别重大损失或者有其他特别严重情节的，处三年以上七年以下有期徒刑，并处罚金。单位犯前款罪的，对单位判处罚金，并对其直接负责的主管人员和其他直接责任人员，依照前款的规定处罚。"

《刑法》第 193 条规定："有下列情形之一，以非法占有为目的，诈骗银行或者其他金融机构的贷款，数额较大的，处五年以下有期徒刑或者拘役，并处二万元以上二十万元以下罚金；数额巨大或者有其他严重情节的，处五年以上十年以下有期徒刑，并处五万元以上五十万元以下罚金；数额特别巨大或者有其他特别严重情节的，处十年以上有期徒刑或者无期徒刑，并处五万元以上五十万元以下罚金或者没收财产：（一）编造引进资金、项目等虚假理由的；（二）使用虚假的经济合同的；（三）使用虚假的证明文件的；（四）使用虚假的产权证明作担保或者超出抵押物价值重复担保的；（五）以其他方法诈骗贷款的。"

《刑法》第 266 条规定："诈骗公私财物，数额较大的，处三年以下有期徒刑、拘役或者管制，并处或者单处罚金；数额巨大或者有其他严重情节的，处三年以上十年以下有期徒刑，并处罚金；数额特别巨大或者有其他特别严重情节的，处十年以上有期徒刑或者无期徒刑，并处罚金或者没收财产。本法另有规定的，依照规定。"

《刑法》第 280 条规定："伪造、变造、买卖或者盗窃、抢夺、毁灭国家机关的公文、证件、印章的，处三年以下有期徒刑、拘役、管制或者剥夺政治权利，并处罚金；情节严重的，处三年以上十年以下有期徒刑，并处罚金。伪造公司、企业、事业单位、人民团体的印章的，处三年以下有期徒刑、拘役、管制或者剥夺政治权利，并处罚金。伪造、变造、买卖居民身份证、护照、社会保障卡、驾驶证等依法可以用于证明身份的证件的，处三年以下有期徒刑、拘役、管制或者剥夺政治权利，并处罚金；情节严重的，处三年以上七年以下有期徒刑，并处罚金。"

3. 对洪某给予白某 5 万元现金的分析

（1）洪某成立行贿罪，犯罪数额为 5 万元。

（2）白某成立斡旋方式的受贿罪，犯罪数额为 5 万元。是否实际谋取了不正当利益，不影响斡旋方式受贿罪的成立，也不影响既遂的判断。

【考点】行贿罪；受贿罪

【详解】《刑法》第 385 条规定："国家工作人员利用职务上的便利，索取他人财物的，或者非法收受他人财物，为他人谋取利益的，是受贿罪。国家工作人员在经济往来中，违反国家规定，收受各种名义的回扣、手续费，归个人所有的，以受贿论处。"

《刑法》第 389 条规定："为谋取不正当利益，给予国家工作人员以财物的，是行贿罪。在经济往来中，违反国家规定，给予国家工作人员以财物，数额较大的，或者违反国家规定，给予国家工作人员以各种名义的回扣、手续费的，以行贿论处。因被勒索给予国家工作人员以财物，没有获得不正当利益的，不是行贿。"

4. 对洪某被抓捕后供述诈骗事实的分析

洪某被抓捕后供述诈骗事实属于坦白，不成立立功。因为贷款诈骗行为属于司法机关已经掌握的犯罪行为，且其被抓获后交代了贷款诈骗行为，不成立准自首，但成立坦白，可以从轻处罚。

【考点】坦白；立功

【详解】《刑法》第68条规定："犯罪分子有揭发他人犯罪行为，查证属实的，或者提供重要线索，从而得以侦破其他案件等立功表现的，可以从轻或者减轻处罚；有重大立功表现的，可以减轻或者免除处罚。"

5. 对洪某进机关办公室窃取财物的分析

（1）洪某窃取现金的行为成立盗窃罪，数额为8000元。

（2）洪某窃取信用卡，并将信用卡交给青某使用的行为成立盗窃罪。无论青某将信用卡作何用，对洪某而言均属于"盗窃信用卡并使用"，成立盗窃罪，数额为4万元，应与盗窃现金8000元累计计算，即盗窃数额为4.8万元。

（3）洪某因诈骗犯罪被抓获后，如实供述司法机关尚未掌握的盗窃罪，该行为成立准自首，可以从轻或者减轻处罚。

【考点】盗窃罪；自首

【详解】《刑法》第196条第3款规定："盗窃信用卡并使用的，依照本法第二百六十四条的规定定罪处罚。"

《刑法》第264条规定："盗窃公私财物，数额较大的，或者多次盗窃、入户盗窃、携带凶器盗窃、扒窃的，处三年以下有期徒刑、拘役或者管制，并处或者单处罚金；数额巨大或者有其他严重情节的，处三年以上十年以下有期徒刑，并处罚金；数额特别巨大或者有其他特别严重情节的，处十年以上有期徒刑或者无期徒刑，并处罚金或者没收财产。"

《刑法》第67条第2款规定："被采取强制措施的犯罪嫌疑人、被告人和正在服刑的罪犯，如实供述司法机关还未掌握的本人其他罪行的，以自首论。"

6. 对青某从自动取款机中取钱的分析

（1）青某从自动取款机中取钱的行为性质，有两种观点：①第一种观点认为，青某属于以非法占有为目的"冒用他人信用卡"骗取财物，成立信用卡诈骗罪，犯罪数额为4万元；②第二种观点认为，诈骗行为只能针对自然人，故青某非法使用他人信用卡在自动取款机上取钱的行为成立盗窃罪，犯罪数额为4万元。

（2）对于青某在自动取款机上取钱的行为，洪某与青某具有共犯关系：①若认定青某成立信用卡诈骗罪，则洪某成立盗窃罪的间接正犯；②若认定青某成立盗窃罪，则青某属于承继的共犯。

【考点】信用卡诈骗罪；盗窃罪；共同犯罪

【详解】《刑法》第196条第1款规定："有下列情形之一，进行信用卡诈骗活动，数额较大的，处五年以下有期徒刑或者拘役，并处二万元以上二十万元以下罚金；数额巨大或者有其他严重情节的，处五年以上十年以下有期徒刑，并处五万元以上五十万元以下罚金；数额特别巨大或者有其他特别严重情节的，处十年以上有期徒刑或者无期徒刑，并处五万元以上五十万元以下罚金或者没收财产：（一）使用伪造的信用卡，或者使用以虚假的身份证明骗领的信用卡的；（二）使用作废的信用卡的；（三）冒用他人信用卡的；（四）恶意透支的。"

7. 对黄某、程某伤害周某致其死亡的分析

（1）程某胁迫周某交付钱财的行为成立抢劫罪未遂，不成立敲诈勒索罪与诈骗罪。①程某以杀害周某相威胁向周某索取钱财40万元，因意志以外的原因未能获得，成立抢劫罪未遂，属于"抢劫数额巨大"的情形，适用加重情节的法定刑和未遂的规定。②程某的行为不成立诈骗罪和敲诈勒索罪。程某仅谎称有人雇其杀害周某，其欺骗的内容并非使周某基于错误认识而处分财产，故程某的行为不成立诈骗罪；程某恐吓周某交付财物的行为达到了"压制反抗，强行取财"的程度，故不成立敲诈勒索罪，而应以抢劫罪论处。

（2）程某伤害周某致使其死亡的行为成立故意伤害（轻伤）罪，程某对周某死亡结果不负刑事责任。程某对引起周某死亡的前提（被害人特殊体质）缺乏认识，不能预见也不存在故意和过失的罪过心理，程某死亡属于意外事件，故程某不成立故意伤害（致人死亡）罪，而是成立故意伤害（轻伤）罪。

（3）黄某的行为成立故意杀人罪的间接正犯与故意伤害（轻伤）罪的教唆犯，属于想象竞合犯，应以故意杀人罪既遂的间接正犯论处。黄某明知被害人特殊体质，可以预见故意伤害所导致的死亡后果，仍教唆程某实施故意伤害行为，成立故意杀人罪既遂的间接正犯和故意伤害（轻伤）罪的教唆犯，属于想象竞合犯，应以重罪——故意杀人罪既遂的间接正犯论处。

【考点】 犯罪未遂；抢劫罪；敲诈勒索罪；诈骗罪；故意伤害罪；教唆犯

【详解】《刑法》第263条规定："以暴力、胁迫或者其他方法抢劫公私财物的，处三年以上十年以下有期徒刑，并处罚金；有下列情形之一的，处十年以上有期徒刑、无期徒刑或者死刑，并处罚金或者没收财产：（一）入户抢劫的；（二）在公共交通工具上抢劫的；（三）抢劫银行或者其他金融机构的；（四）多次抢劫或者抢劫数额巨大的；（五）抢劫致人重伤、死亡的；（六）冒充军警人员抢劫的；（七）持枪抢劫的；（八）抢劫军用物资或者抢险、救灾、救济物资的。"

《刑法》第234条规定："故意伤害他人身体的，处三年以下有期徒刑、拘役或者管制。犯前款罪，致人重伤的，处三年以上十年以下有期徒刑；致人死亡或者以特别残忍手段致人重伤造成严重残疾的，处十年以上有期徒刑、无期徒刑或者死刑。本法另有规定的，依照规定。"

《刑法》第29条规定："教唆他人犯罪的，应当按照他在共同犯罪中所起的作用处罚。教唆不满十八周岁的人犯罪的，应当从重处罚。如果被教唆的人没有犯被教唆的罪，对于教唆犯，可以从轻或者减轻处罚。"

8. 对程某将黄某打成重伤的分析

程某将黄某打成重伤成立故意伤害（重伤）罪。因程某与黄某之间存在非法的债权债务关系，程某将黄某打成重伤不成立抢劫罪，仅成立故意伤害（重伤）罪。

【考点】 故意伤害罪；抢劫罪

【详解】《刑法》第234条规定："故意伤害他人身体的，处三年以下有期徒刑、拘役或者管制。犯前款罪，致人重伤的，处三年以上十年以下有期徒刑；致人死亡或者以特别残忍手段致人重伤造成严重残疾的，处十年以上有期徒刑、无期徒刑或者死刑。本法另有规定的，依照规定。"

9. 对洪某揭发黄某、程某犯罪行为的分析

（1）洪某揭发黄某、程某伤害周某致其死亡的犯罪事实成立立功。①因程某成立故意伤害罪，且查证属实，故洪某成立立功；②因黄某成立故意杀人罪，可能被判处无期徒刑或者死刑，且查证属实，故洪某属于重大立功。综上，对洪某可以减轻或者免除处罚。

（2）洪某揭发程某故意伤害（重伤）罪属于一般立功，可以从轻或者减轻处罚。

【考点】 立功

【详解】《刑法》第68条规定："犯罪分子有揭发他人犯罪行为，查证属实的，或者提供重要线索，从而得以侦破其他案件等立功表现的，可以从轻或者减轻处罚；有重大立功表现的，可以减轻或者免除处罚。"

10. 对洪某如实交代自己1995年所犯抢劫罪的分析

洪某如实交代自己1995年所犯抢劫罪的事实属于准自首。虽然公安机关知道抢劫事实，但并不知道谁是犯罪嫌疑人，该罪属于司法机关尚未掌握的本人其他犯罪行为。因此，洪某如实供述应以准自首论，可以从轻或者减轻处罚。

【考点】 自首

【详解】《刑法》第67条第2款规定："被采取强制措施的犯罪嫌疑人、被告人和正在服刑的罪犯，如实供述司法机关还未掌握的本人其他罪行的，以自首论。"

试题八

【参考答案】

1. 对刘某与任某砍伐林木、种植沉香行为的分析

刘某和任某的行为构成故意毁坏财物罪和非法占用农用地罪，其中故意毁坏财物罪已过诉讼时效，不再追诉。

（1）刘某、任某以毁坏为目的砍伐林木，成立故意毁坏财物罪。故意毁坏财物数额较大的法定刑为3年以下有期徒刑，追诉时效为5年，案发时诉讼时效已过。

（2）刘某、任某违反《土地管理法》的规定，非法占用林地，改变土地用途，数量较大，构成非法占用农用地罪。非法占用农用地罪为继续犯，诉讼时效未经过。

（3）刘某、任某不成立盗伐林木罪。

【考点】 故意毁坏财物罪；非法占用农用地罪；追诉时效

【详解】《刑法》第275条规定："故意毁坏公私财物，数额较大或者有其他严重情节的，处三年以下有期徒刑、拘役或者罚金；数额巨大或者有其他特别严重情节的，处三年以上七年以下有期徒刑。"

《刑法》第342条规定："违反土地管理法规，非法占用耕地、林地等农用地，改变被占用土地用途，数量较大，造成耕地、林地等农用地大量毁坏的，处五年以下有期徒刑或者拘役，并处或者单处罚金。"

《刑法》第87条规定："犯罪经过下列期限不再追诉：（一）法定最高刑为不满五年有期徒刑的，经过五年；（二）法定最高刑为五年以上不满十年有期徒刑的，经过十年；（三）法定最高刑为十年以上有期徒刑的，经过十五年；（四）法定最高刑为无期徒刑、死刑的，经过二十年。如果二十年以后认为必须追诉的，须报请最高人民检察院核准。"

2. 对王某发现砍伐林木、种植沉香行为未予以处理的分析

王某构成徇私枉法罪。王某作为司法工作人员，明知刘某与任某的行为构成犯罪，故意包庇使二人不受追究，成立徇私枉法罪。

【考点】徇私枉法罪

【详解】《刑法》第399条第1款规定："司法工作人员徇私枉法、徇情枉法，对明知是无罪的人而使他受追诉、对明知是有罪的人而故意包庇不使他受追诉，或者在刑事审判活动中故意违背事实和法律作枉法裁判的，处五年以下有期徒刑或者拘役；情节严重的，处五年以上十年以下有期徒刑；情节特别严重的，处十年以上有期徒刑。"

3. 对王某让刘某负责装修的分析

（1）刘某成立行贿罪，行贿金额60万元。刘某为谋取不正当利益，向国家工作人员赠送价值120万元装修的行为，成立行贿罪。

（2）王某成立受贿罪，受贿金额为60万元。王某作为国家工作人员，利用职务便利，低价索取刘某的财产性利益，成立受贿罪（索取贿赂）。虽然刘某支付装修款100万元，但是装修的实际价值为120万元，王某支付60万元，受贿金额应该为60万元。

（3）王某徇私枉法在前，受贿在后，徇私枉法罪和受贿罪应当数罪并罚。

【考点】行贿罪；受贿罪

【详解】《刑法》第385条规定："国家工作人员利用职务上的便利，索取他人财物的，或者非法收受他人财物，为他人谋取利益的，是受贿罪。国家工作人员在经济往来中，违反国家规定，收受各种名义的回扣、手续费，归个人所有的，以受贿论处。"

《刑法》第389条规定："为谋取不正当利益，给予国家工作人员以财物的，是行贿罪。在经济往来中，违反国家规定，给予国家工作人员以财物，数额较大的，或者违反国家规定，给予国家工作人员以各种名义的回扣、手续费的，以行贿论处。因被勒索给予国家工作人员以财物，没有获得不正当利益的，不是行贿。"

《最高人民法院、最高人民检察院关于办理贪污贿赂刑事案件适用法律若干问题的解释》第12条规定："贿赂犯罪中的'财物'，包括货币、物品和财产性利益。财产性利益包括可以折算为货币的物质利益如房屋装修、债务免除等，以及需要支付货币的其他利益如会员服务、旅游等。后者的犯罪数额，以实际支付或者应当支付的数额计算。"

4. 对刘某以恶害相通告钟某，使其免除债务的分析

（1）刘某威胁钟某的行为难以认定为达到压制反抗的程度，不成立抢劫罪。

（2）刘某为索取不法财产性利益，虚构事实以言语威胁钟某，行为兼具胁迫和欺骗性质，成立敲诈勒索罪和诈骗罪的想象竞合，择一重罪处理。

【考点】敲诈勒索罪；诈骗罪

【详解】《刑法》第274条规定："敲诈勒索公私财物，数额较大或者多次敲诈勒索的，处三年以下有期徒刑、拘役或者管制，并处或者单处罚金；数额巨大或者有其他严重情节的，处三年以上十年以下有期徒刑，并处罚金；数额特别巨大或者有其他特别严重情节的，处十年以上有期徒刑，并处罚金。"

《刑法》第266条规定："诈骗公私财物，数额较大的，处三年以下有期徒刑、拘役或者管制，并处或者单处罚金；数额巨大或者有其他严重情节的，处三年以上十年以下有期徒刑，并处罚金；数额特别巨大或者有其他特别严重情节的，处十年以上有期徒刑或者无期徒刑，并处罚金或者没收财产。本法另有规定的，依照规定。"

5. 对龚某和洪某盗窃沉香的分析

（1）洪某成立盗窃罪（未遂）。洪某被发现后逃跑，成立盗窃罪（未遂），对龚某后来实施的行为不负责任。

（2）龚某成立敲诈勒索罪。龚某为了抗拒抓捕实施威胁的行为，因没有使用暴力，不构成一般抢劫，也不构成转化型抢劫（事后抢劫），构成敲诈勒索罪（既遂）。

【考点】盗窃罪；敲诈勒索罪；转化型抢劫

【详解】《刑法》第264条规定："盗窃公私财物，数额较大的，或者多次盗窃、入户盗窃、携带凶器盗窃、扒窃的，处三年以下有期徒刑、拘役或者管制，并处或者单处罚金；数额巨大或者有其他严重情节的，处三年以上十年以下有期徒刑，并处罚金；数额特别巨大或者有其他特别严重情节的，处十年以上有期徒刑或者无期徒刑，并处罚金或者没收财产。"

《刑法》第274条规定："敲诈勒索公私财物，数额较大或者多次敲诈勒索的，处三年以下有期徒刑、拘役或者管制，并处或者单处罚金；数额巨大或者有其他严重情节的，处三年以上十年以下有期徒刑，并处罚金；数额特别巨大或者有其他特别严重情节的，处十年以上有期徒刑，并处罚金。"

6. 对刘某、任某和赵某、郑某互殴的分析

（1）刘某和任某对正在依法执行公务的国家机关工作人员实施暴力，构成妨害公务罪。赵某的轻伤无法查明是刘某还是任某所致，刘某和任某属于共同正犯，均需对轻伤结果负责。

（2）赵某、郑某的行为属于正当防卫。因刘某、任某实施暴力行为，赵某、郑某的反击行为虽然导致刘某重伤，但是没有明显超过必要限度，不属于防卫过当。

（3）对于任某的轻伤，刘某属于偶然防卫。关于偶然防卫，有两种观点：第一种观点认为，正当防卫的成立要求具备完整的防卫意识，所以偶然防卫不成立正当防卫。刘某实施了违法行为，存在打击错误：根据法定符合说，成立故意伤害罪；根据具体符合说，对任某轻伤属于过失，不成立故意伤害罪。第二种观点认为，正当防卫的成立不要求具备防卫意识，即认识和意志均不要求，所以偶然防卫成立正当防卫。刘某客观上起到了阻止法益侵害的效果，无论其主观意志如何，均不构成犯罪。

【考点】妨害公务罪；正当防卫

【详解】《刑法》第20条规定："为了使国家、公共利益、本人或者他人的人身、财产和其他权利免受正在进行的不法侵害，而采取的制止不法侵害的行为，对不法侵害人造成损害的，属于正当防卫，不负刑事责任。正当防卫明显超过必要限度造成重大损害的，应当负刑事责任，但是应当减轻或者免除处罚。对正在进行行凶、杀人、抢劫、强奸、绑架以及其他严重危及人身安全的暴力犯罪，采取防卫行为，造成不法侵害人伤亡的，不属于防卫过当，不负刑事责任。"

《刑法》第277条第1款规定："以暴力、威胁方法阻碍国家机关工作人员依法执行职务的，处三年以下有期徒刑、拘役、管制或者罚金。"

试题九

1. 【参考答案】敲诈勒索罪的既遂标准为行为人排除被害人对财产的占有，将财产设定为自己或者第三人占有。刘某成立何罪，关键在于认定刘某加入前，赵某的敲诈勒索行为是否实行终了，即赵某是否实际占有周某放置在指定地点的10万元现金。对此分为"控制说"和"失控说"两种观点。

(1) 如采"控制说"，则刘某构成敲诈勒索罪。"控制说"要求行为人实际控制财物。被害人周某将财物放入指定垃圾桶后，周某丧失了对财物的控制，赵某未实际占有，故敲诈勒索行为仍未既遂（实行终了），刘某中途加入（去垃圾桶内取钱）与赵某的敲诈勒索行为既遂具有物理上的因果性，故刘某成立敲诈勒索罪承继的共犯。

(2) 如采"失控说"，则刘某成立侵占罪。"失控说"认为只要被害人失去对财物的控制，即认定行为人取得财物。被害人周某将财物放入指定垃圾桶后，周某丧失了对财物的控制，此时应认定赵某的敲诈勒索行为既遂（实行终了）。刘某去垃圾桶内取钱的行为属于侵占无人占有的财物，与赵某的敲诈勒索行为无关，应成立侵占罪。

【考点】承继的共犯；敲诈勒索罪及其完成形态

【详解】《刑法》第274条规定："敲诈勒索公私财物，数额较大或者多次敲诈勒索的，处三年以下有期徒刑、拘役或者管制，并处或者单处罚金；数额巨大或者有其他严重情节的，处三年以上十年以下有期徒刑，并处罚金；数额特别巨大或者有其他特别严重情节的，处十年以上有期徒刑，并处罚金。"

《刑法》第270条规定："将代为保管的他人财物非法占为己有，数额较大，拒不退还的，处二年以下有期徒刑、拘役或者罚金；数额巨大或者有其他严重情节的，处二年以上五年以下有期徒刑，并处罚金。将他人的遗忘物或者埋藏物非法占为己有，数额较大，拒不交出的，依照前款的规定处罚。本条罪，告诉的才处理。"

2. 【参考答案】本案的关键在于行为人主观上为了窝藏赃物，客观上对无关第三人实施暴力或以暴力相威胁的行为是否成立事后抢劫。对此分为肯定说和否定说两种观点。

(1) 如采肯定说，赵某成立事后（转化型）抢劫。肯定说认为，对无关第三人实施暴力或以暴力相威胁的行为成立事后抢劫。刑法只是规定行为人必须出于窝藏赃物、抗拒抓捕、毁灭罪证三种特定目的之一，没有限定暴力的对象，不要求暴力行为与窝藏赃物的目的之间存在客观上的关联性。本案中，赵某为了窝藏赃物，将无关第三人李某打成轻伤的行为成立事后（转化型）抢劫。

（2）如采否定说，赵某成立盗窃罪和故意伤害罪。否定说认为，对无关第三人实施暴力或以暴力相威胁的行为不成立事后抢劫。刑法将转化型抢劫中暴力的对象限定为被害人或抓捕者，要求暴力行为与窝藏赃物的目的之间存在客观上的关联性。本案中，赵某为了窝藏赃物，将无关第三人李某打成轻伤的行为，不成立转化型抢劫，仅成立盗窃罪和故意伤害罪，数罪并罚。

【考点】 转化型抢劫

【详解】《刑法》第 269 条规定："犯盗窃、诈骗、抢夺罪，为窝藏赃物、抗拒抓捕或者毁灭罪证而当场使用暴力或者以暴力相威胁的，依照本法第二百六十三条的规定定罪处罚。"

3. 【参考答案】 答案一：我赞同刘某和赵某仅成立故意伤害罪一罪的观点。刘某和赵某为索取债务而非法拘禁他人，二人构成非法拘禁罪，不构成绑架罪。根据《刑法》第 238 条第 2 款第 2 句的规定，非法拘禁使用暴力致人伤残、死亡的，按照故意伤害罪、故意杀人罪定罪处罚。刘某和赵某在控制杨某后，仍砍下杨某手指，显然具有伤害的故意，应直接适用该规定，成立故意伤害罪一罪，非法拘禁行为不再单独定罪。

答案二：我反对刘某和赵某仅成立故意伤害罪一罪的观点。对刘某和赵某应当以非法拘禁罪和故意伤害罪数罪并罚。刘某和赵某为索取债务而非法拘禁他人，其行为构成非法拘禁罪。根据《刑法》第 238 条第 2 款第 2 句的规定，非法拘禁使用暴力致人伤残、死亡的，按照故意伤害罪、故意杀人罪定罪处罚。"使用暴力"应理解为在实施非法拘禁的过程中使用了暴力，如果行为人在非法拘禁过程中另起故意伤害犯意的，不适用该规定，而应当以非法拘禁罪和故意伤害罪数罪并罚。刘某和赵某在控制杨某后，仍砍下杨某手指，显然具有伤害的故意，因此应当以非法拘禁罪和故意伤害罪数罪并罚。

【考点】 注意规定与法律拟制；非法拘禁罪的罪数关系

【详解】《刑法》第 238 条规定："非法拘禁他人或者以其他方法非法剥夺他人人身自由的，处三年以下有期徒刑、拘役、管制或者剥夺政治权利。具有殴打、侮辱情节的，从重处罚。犯前款罪，致人重伤的，处三年以上十年以下有期徒刑；致人死亡的，处十年以上有期徒刑。使用暴力致人伤残、死亡的，依照本法第二百三十四条、第二百三十二条的规定定罪处罚。为索取债务非法扣押、拘禁他人的，依照前两款的规定处罚。国家机关工作人员利用职权犯前三款罪的，依照前三款的规定从重处罚。"

4. 【参考答案】 赵某成立故意杀人罪的犯罪中止。犯罪中止是在能够继续实施犯罪时，基于自己的意志自动停止犯罪；犯罪未遂是犯罪无法继续进行下去，被迫停止犯罪。赵某在能够继续实施犯罪的情况下，基于自己的意志自动停止犯罪的，构成犯罪中止。

【考点】 犯罪中止；犯罪未遂

【详解】 根据《刑法》第 24 条第 2 款规定，对于中止犯，没有造成损害的，应当免除处罚；造成损害的，应当减轻处罚。赵某造成谢某轻伤，应当减轻处罚。

图书在版编目（CIP）数据

2024 国家统一法律职业资格考试记忆通：学科版．刑法／飞跃考试辅导中心编．—北京：中国法制出版社，2023.12

ISBN 978-7-5216-3990-2

Ⅰ．①2… Ⅱ．①飞… Ⅲ．①刑法-中国-资格考试-自学参考资料 Ⅳ．①D920.4

中国国家版本馆 CIP 数据核字（2023）第 234298 号

责任编辑：刘海龙 　　　　　　　　　　　　　　　　　　封面设计：杨鑫宇

2024 国家统一法律职业资格考试记忆通：学科版．刑法
2024 GUOJIA TONGYI FALÜ ZHIYE ZIGE KAOSHI JIYITONG：XUEKEBAN. XINGFA

编者／飞跃考试辅导中心
经销／新华书店
印刷／廊坊一二〇六印刷厂
开本／850 毫米×1168 毫米　24 开　　　　　　　印张／7.25　字数／189 千
版次／2023 年 12 月第 1 版　　　　　　　　　　　2023 年 12 月第 1 次印刷

中国法制出版社出版
书号 ISBN 978-7-5216-3990-2　　　　　　　　　　　　　　　定价：28.00 元

北京市西城区西便门西里甲 16 号西便门办公区
邮政编码：100053　　　　　　　　　　　　　　　　传真：010-63141600
网址：http：//www.zgfzs.com　　　　　　　　　　编辑部电话：010-63141814
市场营销部电话：010-63141612　　　　　　　　　印务部电话：010-63141606

（如有印装质量问题，请与本社印务部联系。）

本书扉页使用含有中国法制出版社字样的防伪纸印制，
有这种扉页的"飞跃版"考试图书是正版图书。

图书在版编目（CIP）数据

2024国家统一法律职业资格考试大纲配套：学科版 / 法律考试中心组编 . -- 北京 : 中国法制出版社，2023.12

ISBN 978-7-5216-3990-2

Ⅰ. ①2… Ⅱ. ①法… Ⅲ. ①职业资格考试 - 中国 - 资格考试 - 自学参考资料 Ⅳ. ①D920.4

中国版本图书馆CIP数据核字（2023）第243466号

责任编辑：刘玲光

2024国家统一法律职业资格考试大纲配套：学科版 . 刑法
2024 GUOJIA TONGYI FALÜ ZHIYE ZIGE KAOSHI DAGANG PEITAO：XUEKEBAN . XINGFA

经销 / 新华书店
印刷 / 北京……印刷
开本 850 毫米×1168 毫米 32 开本
版次 2023 年 12 月第 1 版

印张 17.5 字数 186 千字
2023 年 12 月第 1 次印刷

中国法制出版社出版
书号 ISBN 978-7-5216-3990-2

北京西单横二条2号 邮政编码 100031
网址 http：//www.zgfzs.com
市场营销部电话 010-63141612

（如有印装质量问题，请与本社印务部联系。）

定价：35.00 元

编辑部电话：010-63141600
邮购部电话：010-63181814
印务部电话：010-63141606

本社法律图书援予中国法制出版社有限公司的著作权保护
版权所有 侵权必究（举报电话：010-63141600）